京氏易傳卷之上

吳鬱林太守陸績註

☰乾下乾上乾純陽用事象配天屬金與坤爲飛伏居世壬戌土癸酉金易云用九見羣龍无首吉純陽用九之德九三三公爲應肖乾乾夕惕之憂甲壬配外內二象乾爲天地之首分甲壬入乾位積算起巳巳火至戌辰土周而復始吉凶之兆積年起月積日起時積時起卦入本宮五星從位起鎮星土星入西方麗西北居壬戌爲伏位參宿從位起壬戌壬戌在世居宗廟建子起潛龍十一月冬至一陽生建巳至極主亢位四月龍見于辰陽極陰來吉去

凶生用九吉配於人事爲首乾爲首也爲君父乾象堅剛天地之尊故爲君父於類爲馬爲龍天行運轉不息降五行頒六位十二辰分六位升降以時消息吉凶居西北之分野陰陽相戰之地易云戰于乾乾爲陽西北陰陽入陰二氣盛必戰天六位地六氣六象六包四象分萬物陰陽無差升降有等陰陽二十四候律呂調矣人事吉凶見乎其象造化分乎有無故云變動不居周流六虛六位純陽陰象在中陽中陰陰中陽陽爲君陰爲臣陽爲民陰爲事陽實陰虛明暗之象陰陽可知三五爲陽二四爲陰初上潛九水配位爲福德甲子水是乾之子孫木入金鄉居寶貝

甲寅木是乾之財土臨內象爲父母甲辰土是乾之父母火來四上嫌相敵壬午火是乾之官鬼金入金鄉木漸微壬申金同位傷木宗廟上建戌亥乾本位戌亥乾之位陽極陰生降入姤卦八卦例詳

䷫巽下乾上姤陰爻用事金木互體天下風行曰姤姤遇也易曰陰遇陽一陰初生陽氣猶盛陰未爲敵與巽爲飛伏元士居世辛丑土甲子水尊就卑子孫與父母相代位定吉凶只取一爻之象多以少爲貴九四諸侯堅剛在上陰氣處下易云繫于金柅巽積陰入陽辛壬降內外象建庚午

至乙亥芒種小雪積算起乙亥水至丙戌土周而復始災福之兆生乎五行升降也五星從位起太白太白在西居金位井宿從位入辛丑辛丑入土元土臨母也建午起坤宮初六爻易云履霜堅冰至建亥龍戰于野戌亥是乾之位乾伏本位必戰積陰之地猶盛故戰配與人事爲腹爲母坤順容於物於類爲馬易云行地無疆此釋一爻配坤象本體是乾巽令贊一爻起陰假坤象言之內巽爲風乾爲天天下有風行君子以號令告四方巽入也風入於坤皆動也故知天下有風動其物也天風氣象三十六候三十六候節氣降大風象木入金爲始金納木也陰不能制於陽附於金

柅易之柔道牽也五行升降以時消息陰盪陽降入遯天山遯卦

䷠艮下乾上遯陰爻用事陰盪陽遯金土見象山在天下爲遯遯退也陰來陽退也小人君子汚隆契斯義也易云遯世無悶與艮爲飛伏大夫居世建辛未爲月丙午火丙寅木六二得應與君位遇建焉臣事君全身遠害遯俟時也建辛未至丙子陰陽遯去終而伏位從六月至十一月也積算起丙子至乙亥周而復始火土同宮天與山遯陽消陰長無專於敗繫云能消息者必專者敗

京氏易傳（明汲古閣《津逮秘書》刊本）

五星從位起太陰鬼宿入位降丙辰（丙午臨元土）配於人事爲背爲手（艮爲背手）於類爲狗爲山石內外升降陰陽分數二十八候（分陰陽進退）土入金爲緩積陽爲天積陰爲地山所地高峻逼通於天是陰長陽消降入否（陰逼陽去入天地否卦）

䷋（坤下乾上）否內象陰長（純用陰事）天氣上騰地氣下降二象分離萬物不交也小人道長君子道消（陰小人陽君子）易云否之匪人與坤爲飛伏三公居世（乙卯木甲辰土）上九宗廟爲應君子以俟時小人爲災（乙卯泰來）建壬申

至丁丑陰氣浸長七月立秋至十二月大寒積算起丁丑至丙子周而復始金丑土同宮吉凶見矣五星從位起歲星木星入卦用事柳宿從位降乙卯乙卯臨三公氣分氣候三十六六六三十六積算吉凶陰陽升降陽道消鑠陰氣凝結君臣父子各不迨及陰盪陽來道行矣易云其亡其亡繫于苞桑苞桑則叢桑也天地清濁陰薄音摶陽消天地盈虛與時消息危難之世勢不可久五位既分四時行矣君子當危難世獨志難不可久立特處不改其操將極泰來上九云否極則傾何可長也否極則泰來陰長降入於觀九四被陰逼入觀卦

䷓坤下巽上觀內象陰道已成威權在臣雖大觀在上而陰道浸長與巽爲飛伏諸侯臨世辛未土壬午火反應元士而奉九五君位也易云觀國之光利用賓于王臣道出於六四爻也建癸酉至戊寅陰陽交伏秋分至立春積算起戊寅至丁丑周而復始用金爲首金土火互爲體五星從位起熒惑火星入卦周事吉凶星宿從位降辛未星宿入諸侯宮木星同位土木分氣二十八積算分配六位吉凶爻定數陰陽升降定吉凶成敗取六四至于九五成卦之終也易云觀我生我生卽道也又云風行地上君子之德風小人之德草也

列象分爻以定陰陽進退之道吉凶見矣地上見巽積陰凝盛降入于剝（九五退陰入剝卦）

☷☶（坤下艮上）剝柔長剛滅天地盈虛（建戌至建亥）體象金爲本隨時運變水土用事成剝之義出於上九易云碩果不食君子得輿小人剝廬（君子全得剝道安其位小人終不可安也）與艮爲飛伏（丙子水壬申金）天子治世反應大夫建甲戌至巳卯陰陽定候（寒露至春分）積算起巳卯木至戊寅木周而復始（吉凶之兆見于有象）純土配金用事五星從位起鎮星（土星入卦）張宿從位降丙子（張宿入天子宮）金土分

氣三十六積算六位起吉凶天地盈虛氣候易象云山附於地剝君子俟時不可苟變存身避害與時消息春夏始生天氣盛大秋冬嚴殺天氣消滅故當剝道已成陰盛不可逆陽息陰專升降六爻反爲游魂盪入晉積陰反入晉卦

䷢坤下離上晉陰陽返復進退不居精粹氣純是爲游魂爲陰極剝盡陽道不可盡滅故返陽道道不復本位爲歸魂例八卦金方以火土運用事與艮爲飛伏巳酉金丙戌土諸侯居世反應元士建己卯至甲申陰陽繼候春分立秋積算起甲申金至

癸未土周而復始 游魂取象配於正位吉凶同矣 五星從位起太白 卦配金星入用 翼宿從位降己酉金 翼宿北方入晉卦行事 二象分候二十八運配金土積算起候無差於晷刻吉凶列陳象在其中矣天地運轉氣在其中矣乾道變化萬物通矣 乾分八卦至大有復卦 六爻交通至於六卦陰陽相資相返相尅相生至游魂復歸本位爲大有故曰火在天上大有爲歸魂卦定吉凶配人事五行象乾爲指歸地 凡八卦分爲八宮每宮八卦八八六十四卦定吉凶配人事天地山澤草木日月昆虫包含氣候足矣

䷍乾下離上 大有卦復本宮曰大有內象見乾是本位八卦本從乾宮起至大有爲歸魂 純金用事與坤爲飛伏甲辰土乙卯木 三公臨世應上九爲宗廟建戊寅至癸未立春正月至大暑時也 積算起癸未土至壬午火周而復始吉凶與乾卦同用 五星從位起太陰太陰水星入卦用事 軫宿從位降甲辰二十八宿分軫星入大有卦用事行度吉凶可見 金土分象三十六候配陰陽升降六位相盪返復其道復歸本位也 吉凶度數與乾卦同分六五陰柔爲日照與四方象天行健六龍御天 少者爲多之所宗六五爲宗也柔處尊位以柔履剛以陰

處陽能柔順於物萬物歸附故曰照於四方易曰火在天上大有離為火為日故曰大有陰陽交錯萬物通焉陰退陽伏返本也乾象分盪八卦入大有終也乾生三男次入震宮八卦乾生三男坤生三女陽以陽陰以陰求奇耦定數于象也

䷲震下震上震分陰陽交互用事屬於木德取象為雷出自東方震有聲故曰雷雷能警於萬物為發生之始故取東也為動之主為生之本易繫云帝出乎震安為動主靜為躁君與巽為飛伏庚戌土辛卯木宗廟應上六陰為陽之主震動動須出陰陽交互震動也運數入丙子至辛巳大雪至小

滿積算起辛巳至庚辰土宮配吉凶周而復始吉凶配木宮以土用事五星從位起歲星木星入卦用事角宿從位降庚戌土庚戌入震用事臨上六爻庚戌土位爲元首內外木土二象俱震易曰震驚百里又云畏鄰戒也震爲雷聲驚于百里春發秋收順天行也取象定吉凶取象爲陽配爻屬陰故曰陰陽交錯而爲震氣候分數三十六定吉凶於頃刻毫釐之之末無不通也無不備也定陰陽數考人之休咎起于積算終于六位也陰陽交互陽爲陰陰爲陽陰陽二氣盪而爲象故

初九三陰爲豫入豫卦

☷☳坤下震上豫卦配水火木以爲陽用事易云利建侯行師又云天地以順動故日月不過四時不忒坤順震動聖人以順動則刑罰清而民服與坤爲飛伏乙未土庚子水世立元士爲地易奉九四爲正應建丁丑至壬午大寒芒種積算起壬午至辛巳以六爻定吉凶周而復始火土算休咎五星從位起熒惑熒惑火星入卦用事亢宿從位降乙未土亢宿配乙未土上木下見土內順外動故爲悅豫嚮有屯夷事非一揆爻象適時有凶有吉人之生世亦復如斯或逢治世或逢亂時出處存

三其道皆系易云大矣哉陰陽升降分數二十八極大小之數以定吉凶之道（積算壬午入乙未推吉凶）豫以陽適陰爲內順成卦之義在於九四一爻以陽盪陰君子之道變之於解（豫卦以陰入陽成九四之德之入解卦陽入陰成解之德）

䷧（坎下震上）解陰陽積氣聚散以時內險外動必散易云解者散也解也品彙甲拆雷雨交作（震雷坎雨）積氣運動天地剖判成卦之義在於九二與坎爲飛伏（戊辰土庚寅木）立大夫於世爲人而六五降應委權命於庶品建戊寅至癸未（立春大暑）推吉凶於陰陽定運數

於歲時積算起癸未至壬午周而復始土火入數起宮五星從位起鎮星鎮星土位氐宿從位降戊辰戊辰氐宿入木下見水動而險陰陽會散萬物通焉升降屬陽盪陰以陽爲尊尊者高而卑者低變六三爲九三恒卦分氣候定數極位於三十六金水入數合卦成數定日月時變坎入巽居內象爲雷風運動鼓吹萬物謂之恒入恒卦

䷟ 巽下震上 恒久於其道立於天地雷與風行陰陽相得尊卑定矣號令發而萬物生焉萬物得其道也生者道一作進

也雷風行而四方齊也齊者整肅與巽為飛伏辛酉金庚辰土三公治世應於上六宗廟宗廟爻建己卯至甲申春分立秋金木起度數積算起甲申至癸未周而復始金木入宮五星從位起太白太白金星入卦用事房宿從位降辛酉房宿入卦立秋用上下二象見木分陰陽於內外內巽陰外震陽氣候分數三十八金木入卦分節候九三至於陽屯之位不順所履無定其位恒者常也而九三以陽居位列于陰陽交互之上是知不久為所然易云不恒其德或承之羞陰陽升降反於陰君道漸進臣下爭權運及於升次降入升卦

䷭（巽下坤上）升陽升陰而陰道凝盛未可便進漸之曰升升者進也卦雖陰而取象於陽故曰以陽用事（內巽陰木陽也）與坤爲飛伏（癸丑土庚午火）諸侯在世元士爲應候建庚辰至乙酉（清明秋分）積算起乙酉至甲申周而復始（金水合木宮見象定吉凶）五星從位起太陰（太陰水星入卦取象）心宿入位降癸丑（心宿入卦配土位）土下見木內外俱順動陰陽而長歲時人事配吉凶發乎動（占歲時人事吉凶之兆見乎動）易繫云吉凶悔吝生乎動氣候配象數位三十六（分陰爻數分陽爻數）自下升高以至於極至極而反以修

善道而成其體合抱之木始於毫末陰道革入陽爲坎水與風見井入井卦

䷯巽下坎上井陰陽通變不可革者井也井道以澄清不竭之象而成於井之德也易云井者德之基又云往來井井見功也改易不改井德不可渝也井道以澄清見用爲功也井象德不可渝變也與坎爲飛伏戊戌土庚申金九五處至尊應用見本象建辛巳至丙戌小滿寒露積算起丙戌至乙酉周而復始火土入卦起算數五星從位起歲星木星入卦東方用事尾宿從位降戊戌尾宿配戊戌入卦宮坎下見風

險於前內外相資益於君（井以德立君正民信德以其道也）賢人有位君子不孤傳曰德不孤必有鄰（六爻各處其務反覆陰陽變化各得其道也）氣候所象定數於二十八（爻配陰陽分人事吉凶具見矣）天地之數分於人事（近取諸身遠取諸物）吉凶之兆定於陰陽陰生陽消陽生陰滅二氣交互萬物生焉震至於井陰陽代位至極則反與巽爲終退復於本故曰游魂爲大過（降入大過卦）

䷛（巽下兌上）大過陰陽代謝至於游魂繫云精氣爲物游魂爲變是故知鬼神之情狀互體象乾以金土

定吉凶去本末取二五爲過之功（大者相過）與坎爲飛伏（丁亥水戊申金）降諸侯立元首元士居應上建丙戌至辛卯（起元氣從丙戌至辛卯爲卦建建者則所生之位今立建起至辛卯取陰陽至位極處也寒露至秋分）積算起辛卯至庚寅周而復始（土木入卦用事）五星從位起熒惑（熒惑火星入卦）箕宿從位降丁亥（箕宿配丁亥水合卦宮也）陰陽相盪至極則反反本及末於游魂分氣候三十六（六爻極陰陽之數三十六五行分配定吉凶於積算）陽入陰陰陽交互反歸於本曰歸魂降隨卦（入澤雷隨卦）

䷐（震下兌上）隨震象復本曰隨（內見震也）內象見震曰本（從震）

起至隨爲歸魂純木用事與巽爲飛伏庚辰土辛酉金世立三公

應宗廟建乙酉至庚寅秋分立春積算起庚寅至己丑

土木入卦氣算周而復始吉凶定於算數爲準五星從位起鎮星鎮星

土入卦用事計都從位降庚辰計都配庚辰土入卦分吉凶氣候分

數二十八定數於六位六位雖殊吉凶象震進退隨時

各處其位無差晷刻內外二象悅而動隨附於物

係失在於六爻易云係丈夫失小子又云係小子失丈夫此之謂也吉凶定

於起算之端進退見乎隨時之義金木交刑水火

相敵休廢於時吉凶生焉震以一君二民動得其

宜震一陽二陰陽君陰民得其正也本於乾而生乎震故曰長男陰陽升降爲八卦至隨爲定體資於始而成乎終

坎降中男而曰坎互陽爻居中爲坎卦

䷜坎下坎上坎積陰以陽處中柔順不能履重剛之險故以剛克柔而履險而曰陽是以坎爲屬中男分北方之卦也與離爲飛伏戊子水己巳火世立宗廟居於陰位比近九五全於坎道遠於禍害三公居應亦爲陰暗成坎之德在於九五九二也內外居坎陽處中而爲坎主純陰得陽爲明臣得君而安其居也君得一作臣而顯其道也建起戊寅至癸

未大暑大雪積算起癸未至壬午周而復始金水入卦本同宮氣候起算時日歲月吉凶五星從位起太白太白金星入水宮牛宿從位降戊子二十八宿從位八卦周而復始歲候運數三十六配六位分陰陽三百五十六餘日四分之一分五行配運氣吉凶見矣内外俱坎是重剛之位易曰坎陷也坎水能深陷于物處坎之險不可不習故曰習坎便習之習後可得履于險而不陷沒者不以剛履柔不能成坎之道也震以陽居初能震動於物能爲動主乾生震一陽居於初震爲長男坎以陽居中爲重剛之主故以坎爲險陽變陰成於險道今以陰變陽止於爲節次入于節卦

䷻兑下坎上節水居澤上澤能積水陽止於陰故爲節節者止也陽盪陰而積實居中悅內而險於前陰陽進退金水交運與兑爲飛伏丁巳火戊寅木元士立元首見應諸侯金火受其氣納到內建起甲申至巳丑爲本身節氣立秋大寒積算起巳丑至戊子周而復始金水坎火運入卦雜定吉凶五星從位起太陰太陰屬水入卦用事女宿從位降丁巳配象入積算金上見水本位相資二氣交爭失節則嗟易云不節若則嗟若分氣候二十八積算起數二十八中男入兑少女分盪入陰中位見陽升降見長男次

入水雷屯是則節險入陽盪九二爻體歸於陽之入屯卦

䷂震下坎上屯內外剛長陰陽升降動而險凡爲物之始出皆先難後易今屯則陰陽交爭天地始分萬物萌兆在於動難故曰屯水在雷上如雲雷交作天地草昧經綸之始無出於此也故易曰屯如邅如乘馬班如泣血漣如屯難之際盤桓不進之貌難定乃通易云女子貞不字十年乃字字愛也時通則道亨合正匹也土木應象見吉凶與震爲飛伏庚寅木戊辰土世上見大夫應至尊陰陽得位君臣相應可以定難於草昧之世建乙酉至庚寅秋分立春積算起庚

寅至巳丑周而復始土木配本宮起積算五星從位起歲星木星入卦虛宿從位降庚寅虛宿入六二庚寅位分氣候三十六定吉凶之數陽適陰入中女子午相敵見吉凶動入離象見既濟

䷾離下坎上既濟二氣無衝陰陽敵體世應分君臣剛柔得位曰既濟離坎分子午水上火下性相交敵不間隔是曰既濟也與離爲飛伏巳亥水戊午火世上見三公應上見宗廟內外陰陽相應坎離相納上下交坎水潤下離火炎上二氣相交爲既濟五行相配吉凶麗乎爻象吉凶之兆見乎爻象建丙戌至辛卯

寒露春分卦氣分節氣始丙戌受氣至辛卯戌正象考六位分剛柔定吉凶積算起辛卯至庚寅周而復始土木見運入卦五星從位起熒惑熒惑火星入卦危宿從位降巳亥危宿入巳亥分氣候二十八定六爻之類考吉凶之兆坎入兑爲積陰二象分俱陰上下反覆卦變革坎入革六四盪之入陽變體爲陰也

☲☱離下兑上革二陰雖交志不相合體積陰柔爻象剛健可以革變兑上離下中虚務上下積陰變改之兆成物之體故曰革易云君子豹變小人革面與兑

爲飛伏（丁亥水戊申金）諸侯當世見元士九五六二爲履正位天地革變人事隨而更也（更者變也）建始丁亥至壬辰（小雪清明）水土配位（土水入卦）積算起壬辰至辛卯周而復始五星從位起鎮星（土星入卦）室宿從位降丁亥（二十八宿室宿入卦革丁亥土）分氣候三十六其數起元首（分陰陽之象數吉凶生矣）上金下火金積水而爲器（器能盛納於物）火變生而爲熟生熟稟氣於陰陽革之於物物亦化焉（五行類五色五色類萬物稟和氣氣節順剛卽逆逆卽反反卽敗）易云巳日乃孚（孚猶信也）陰陽更始動以見吉凶（震主動也）動以柔當位剛會

之光大華變於豐外卦兌入震爲豐卦

䷶離下震上豐雷火交動剛柔散氣積則暗動乃明易云豐其屋蔀其家闚其戶闃其無人三歲不覿乃凶上六積暗而動凶之於上反下見陰之兆火木分象配於積陰與震爲飛伏庚申金戊戌土陰處至尊爲世大夫見應君臣相暗世則可知臣強君弱爲亂世之始建生戊子至癸巳大雪小滿雷與火震動曰豐宜日中夏至積陰生豐當正應吉凶見矣日中也積算起癸巳至壬辰周而復始火土起算五星從位起太白太白金星入卦壁宿從位

降庚申（壁宿入坎至豐庚申入土）分氣候二十八（積算定六位起數二十八）上木下火氣稟純陽陰生於內陽氣雜正性濆亂極乃反爲游魂入積陰（震入坤也）陰陽升降反歸於本變體於有無吉凶之兆或見於有或見於無陰陽之體不可執一爲定象於八卦陽盪陰陰盪陽二氣相感而成體或隱或顯故係云一陰一陽之謂道（一者道也）外卦震降陰入明夷（交入明之於人明夷卦）

䷣（離下坤上）明夷積陰盪陽六位相傷外順而隔於明處暗不分（一作明）傷於正道曰明夷（夷者傷也）五行升降

八卦相盪變陽入純陰春夏之秋冬也陰道危陽道安故與震爲飛伏癸丑土庚寅火傷於明而動乃見志震動也退位入六四諸侯在世元士爲應君暗臣明不可止箕子與紂也建起六四癸巳至戊戌游魂及六四爻數起小滿至寒露積算起戊戌至丁酉周而復始土金入卦起算數五星從位起太陰太陰水星入卦奎宿從位降癸丑奎宿入明夷配六四癸丑土上分氣候三十六三十六數入卦起算推吉凶地有火明於內暗於外當世出處爲衆所疑之所及傷於明易曰三日不食主人有言陰陽進退金水見火氣不相

合六位相盪四時運動靜乃復本故曰游魂（以本宮八卦相盪六位推遷也）次降歸魂入師卦

䷆（坎下坤上）師變離入陰傷於正道復本歸坎陽在其中央（內卦坎為本宮）處下卦之中為陰之主利於行師易云師者衆也衆陰而宗於一陽得其貞正也與離為飛伏（離入坎也）陰陽相薄剛柔遷位（戊午火己亥水）世主三公應為宗廟建始壬辰至丁酉（清明秋分）積算起丁酉至丙申周而復始（金火入卦起數）五星從位起歲星（歲星木入卦）婁宿從位降戊午（婁宿入坎卦歸魂六四爻）分氣候二十八

起算入卦吉凶地下有水復本位六五居陰處陽位九二貞正能爲衆之主不潰於衆易云師貞丈人吉入卦始於坎陰陽相盪反至於極則歸本坎中男陽居九二稱中男升降得失吉凶悔吝策於六爻六爻之設出於蓍蓍之得象而卦生積算起於五行五行正則吉極則凶吉凶之象顯於天地人事日月歳時坎之變於艮艮爲少男少男處卦之末爲極也震一陽居初爻坎二陽處中艮三陽處卦之末故曰陽極爲少男又云止也次入艮卦

䷳艮下艮上 艮乾分三陽爲長中少至艮爲少男本體

屬陽陽極則止反生陰象易云艮止也於人爲首爲背取象爲山爲石爲門爲狗上艮下艮二象土木分氣候與兌爲飛伏（丙寅木丁未土爲少男取少女相配）世上見宗廟三公爲應陰陽遷次長幼分形（乾三生男將至艮極少長分形長中分之爲建也）庚寅至乙未（立春大暑）陰長陽極升降六位進退順時消息盈虛積算起庚寅至巳丑周而復始（木土入卦）五星從位起熒惑（熒惑火星入卦）胃宿從位降丙寅（胃宿入卦分位）分數位三十六（配位六卦分吉凶）金木相敵升降以時艮止於物背於物易云時止則止時行

則行剛極陽反陰長積氣止於九三初六變陽取其虛中文明在內成於賁文降入賁卦

䷕ 離下艮上 賁泰取象上六柔來反剛九二剛上文柔成賁之體止於文明賁者飾也五色不成謂之賁文彩雜也山下有火取象文明火土分象與離爲飛伏 己卯木 丙辰土 世立元士六四諸侯在應陰柔居尊文柔當世素尚居高侯王無累易云賁于丘園束帛戔戔建始辛卯至丙申 春分 立秋 積算起丙申至乙未周而復始 金土入卦起算 五星從位起鎮星 鎮星入卦 昴宿

從位降巳卯昴宿配賁卦初九陽位起算分氣候二十八起六位五行算吉凶土火木分陰陽相應爲敵體上九積陽素尚全身遠害貴其正道起於潛至於用九假乾初上爲喻也陰陽升降通變隨時離入乾將之大畜次降六二中虛爲三連入大畜卦陰消陽長

䷙乾下艮上大畜陽長陰消積氣凝盛外止內健二陰猶盛成於畜義易云既處畜消時行陽未可進取於下卦全其健道君子以待順其吉凶與乾爲飛伏甲寅木丙午火建始壬辰至丁酉清明秋分積算起丁酉至

丙申周而復始（金土入卦分吉凶起算）五星從位起太白（太白）

（金星入卦推吉凶）畢宿從位降甲寅（畢宿入大畜九二甲寅上）九二大

夫應世應六五爲至尊陰陽相應以柔居尊[redacted]

爲畜之主分氣候二十八（極陰陽之數定）

（吉凶之兆）山下有乾金土相資陽進陰止積雨潤下畜

道光也乾象內進君道行也吉凶升降陰陽得位

二氣相應陽上薄陰陰道凝結上於陽長爲雨反

下九居高位極於畜道反陽爲陰入于兌象六三

應上九上有陽九反應六三成于損道次降損卦

乾入兌九三之變六二

☶☱兌下艮上損澤在山下卑險於山山高處上損澤益山成高之義在於六三在臣之道奉君立誠易云損下益上乾九三變六三陰柔益上九臣奉君之義與兌為飛伏丁丑土丙申金三公居世宗廟六三上九建始癸巳至戊戌小滿寒露積算起戊戌至丁酉周而復始土火入宮起積算五星從位起太陰太陰水星入卦用事觜宿從位降丁丑二十八宿配觜宿入損卦六三爻起算歲月日時土星入卦配吉凶陰陽相盪位不居土金入損卦起算陰陽相生六位變動不居也六爻有吉凶四時變更不

可執一以爲規六爻吉凶隨時更變或春或夏或秋或冬歲時運動分氣候二十八二十八起數算吉凶入卦陰陽升降爻艮入離見睽之象損益六爻剛長陰爻入火澤睽卦

☲☱兌下離上睽火澤二象氣運一作轉非合陰消陽長取象何比惟陽是從陰陽動靜剛柔分焉先睽後合其消通也文明上照幽暗分矣兌處下爲積陰暗之象也離在上爲明照于下易云見豕負塗載鬼一車先張之弧後說之弧遇雨則吉羣疑亡也先疑暗也後說明也與離爲飛伏巳酉金丙戌土諸侯立九四爲世初元士爲應建始甲午至

巳亥芒種小雪積算起巳亥至戊戌水土入卦五星從位起歲星歲木星入卦參宿從位降巳酉二十八宿配參宿入卦巳酉土分氣候三十六起數積算金火二運合土宮配吉凶於歲時六五陰柔應文明九二四得立權臣陰陽相盪六位逆遷變離入乾健於外象坎入履陰陽推遷變化六爻吉凶之兆著于要之爻如臣事君近多憂也次降入天澤履卦

䷉兌下乾上天下有澤曰履履者禮也得位吉失位凶當履之時素尚吉易云視履考祥其旋元吉與乾爲飛伏壬申金丙子水六丙屬八卦艮六丙也九五得位爲世身九二大

夫合應象建始乙未至庚子（大暑 大雪）積算起乙亥至庚子（金水入卦配六位算吉凶）五星從位起熒惑（熒惑火星入卦）井宿從位降壬申（二十八宿入卦井宿入壬申）分氣候金火入卦起於極數二十八（二十八數起丙辰推吉凶）陽多陰少宗少爲貴得其所履則貴失其所履則賤易云眇能視跛能履（此履非其位六三也）吉凶取此文爲準六位推遷積欠起算數休王相破資益可定吉凶也升降反位歸復止於六四入陰爲游魂中孚卦（次入中孚卦）

䷼（兌下巽上）中孚陰陽變動六位周匝反及游魂之卦

金木合土運入卦象互體見艮止於信義中孚信也與乾爲飛伏

辛未土壬午火艮道革變升降各稟正性六四諸侯立世

應初九元士九五履信九二反應氣候相合內外

相敵陰勝陽陽勝陰剛柔相薄六爻反應柔順相合吉凶見矣建始庚子至乙

巳大雪小滿積算起乙巳至甲辰周而復始火土入卦起積算

五星從位起鎮星鎮星土星鬼宿從位降辛未二十八宿配鬼

宿入卦推吉凶分氣候三十六配卦算吉凶之位風與澤二氣相

合巽而說信及於物物亦一作必順焉易云信及豚

魚豚魚幽微之物信尚及之何況於人乎兌入艮六三入陽內二陽

歸陰陰陽交互復本曰歸魂次降歸魂風山漸卦

內見艮

☶☴艮下巽上漸陰陽升降復本曰歸魂之象巽下見艮

陰長陽消柔道將進艮變八卦終於漸漸終降純陰入坤分長女三陰之兆也

柔道行也與兌爲飛伏丙申金丁丑土九三三公居世宗廟爲

應建始乙亥至甲辰小雪清明積算起甲辰至癸卯周

而復始土木見運入卦算吉凶五星從位起太白太白西方之卦定吉

凶柳宿從位降丙辰二十八宿柳宿入卦定吉凶分氣候二十

八定數配吉凶入卦起算上木下土風入艮象漸退之象也

互體見離主中文明九五傳位得進道明也九五處互體卦之上進文明也六二陰柔得位應至尊易云鴻漸于磐飲食衎衎賢人進位也陰陽升降八卦將盡六十四爻陰陽相雜順道進退爻于時也少男之位分於八卦終極陽道也陽極則陰生柔道進也降入坤宮八卦陽卦三十二宮爲乾震坎艮也

䷳艮上艮下

艮

京氏易傳卷之上終

䷁坤下坤上 坤純陰用事象配地屬土柔道光也陰凝感與乾相納臣奉君也易云黃裳元吉六二內卦陰處中臣道正也與乾爲飛伏癸酉金壬戌土宗廟居世三公爲應未免龍戰之災無成有終陰臣陽君臣不敢爲物之始陽唱陰和君命臣終其事也初六起履霜至於堅冰陰雖柔順氣亦堅剛爲無邪氣也建始甲午至巳亥芒種小滿積算起巳亥至戊戌周而復始純土用事入積算定吉凶五星從位起太陰太陰水星入卦西南方之卦鎮星入卦配坤西南星宿從

位降癸酉金（二十八宿入卦星宿降坤上六癸酉金）分氣候三十六（起積爲數三十六）陰中有陽氣積萬象故曰陰中陰陰陽二氣天地相接人事吉凶見乎其象六位適變八卦分焉（六位變動八卦顯著）陰雖虛納于陽位稱實（六五六三之類也）升降反復不能久處千變萬化故稱乎易易者變也陰極則陽來陰消則陽長衰則退盛則戰易云上六龍戰于野其血玄黃陽屬（乾配西北積陰之地陰盛故戰乾坤併處天地之氣雜稱玄黃也）陽來盪陰坤內卦初六適變入陽曰震陰盛陽微漸來之義故稱復次降陽入地

雷復卦

䷗震下坤上復陰極則反陽道行一作正也易曰君子道長小人道消又曰七日來復七日陽之稱也七九稱陽之數也謂坤上六陰極陽戰之地陰雖不能勝陽然正當盛陽不可輕犯六陽涉六陰反下七爻在初故稱七日日亦陽也六爻反復之稱注在前易云初九不遠復无祇悔反至初九陽來陰復去違也六爻盛卦之體總稱也月一陽爲一卦之主與震爲飛伏庚子水乙未土初九元士之世六四諸侯見應建始乙未至庚子大暑大雪見候起坤六月至十一月戊子爲正朔見復之兆積算起庚子至巳亥積算起庚子至巳亥十月

至十一月年亦然周而復始土水見候五星從位起歲星歲星木星入復卦合水土配吉凶張宿從位降庚子二十八宿分張宿入復卦庚子水上分氣候二十八積算起數二十八定吉凶六爻坤上震下動而順是陽來盪陰陰柔反去剛陽復位君子進小人退易云休復元吉陽升陰降變六二入兌象文併臨二陽將進內為悅陰去陽來氣漸隆陰不敢拒陽奉命而已火之入地澤臨卦

䷒ 兌下坤上 臨陽長陰消悅而順金土應候剛柔分震入兌二陽剛本體陰柔降入臨臨者大也陽爻健

順陰爻退散易曰君子之道易云至於八月凶建丑至未也陽長六爻反復吉凶之道可見矣至於八月入遯與兌爲飛伏丁卯木乙巳火九二大夫立世六五至尊應上位建始丙申至辛丑立秋大寒七月積氣至六月吉凶隨爻考汙隆旺則隆衰則汙積算起辛丑至庚子積算起金土入卦推休咎于六爻五星從位起熒惑熒惑火星入卦用事翼宿從位在丁卯二十八宿翼宿入臨卦九二爻木上分氣候三十六定陰陽之數起于三十六積算坤下見兌悅澤臨陽升陰降入三陽乾象及坤卽泰卦臨卦內象先陽長遁陰成乾爲泰象外坤積陰內兌亦

爲陰二陰合體柔順之道不可貞吉凶以時配于六位用於陽長之爻成臨之義六三將變陽爻至次降入泰卦次入地天泰卦

䷊乾下坤上泰乾坤二象合爲一運天入地交泰萬物生焉小往大來陽長陰危金土二氣交合易云泰者通也通於天地長於品彙陽氣內進陰氣升降升降之道成於泰象與乾爲飛伏甲辰土乙卯木三公立九三爲世上六宗廟爲應候建始丁酉至壬寅秋分立春積算起壬寅至辛丑周而復始金土位上起積算吉凶五

星從位起鎮星（土星入卦）軫宿從位降甲辰分氣候二十八（積算起二十八數於甲辰位）地下有天陽道浸長不可極極則否成（三陽務上坤順而往往而不已否道至）存泰之義在於六五陰居陽位能順於陽陰陽相納二氣相感終於泰道外卦純陰陽來剛柔成于震象陰降陽升居乾上成大壯（爻降陰升陽入雷天大壯卦）

䷡（乾下震上）大壯內外二象動而健陽勝陰而爲壯（內陽）（升降二象俱陽曰大壯）易曰羝羊觸藩羸其角進退難也壯不可極極則敗物不可極極則反故曰君子用罔

小人用壯與震爲飛伏庚午火癸丑土九四諸侯立世初九元士在應建始戊戌至癸卯寒露至春分積算起癸卯至壬寅土木入卦起積算五星從位起太白太白金星入卦角宿從位降庚午二十八宿入卦配角宿入大壯庚午九四爻上分氣候三十六積算起數庚午火定吉凶雷在天上健而動陽升陰降陽來盪陰吉凶隨爻著於四時九四庚午火之位入坤爲卦之本起于子滅于寅陰陽進退六位不居周流六虛外象震入兌爲陰悅適爻爲剛長次降入夬陽決陰之象入澤天夬卦

☱☰ 乾下兌上 夬剛決柔陰道滅五陽務下一陰危上將反游魂九四悔也澤上於天君道行也夬五世六位周而復始為游魂至九四成陰入坎為需與兌為飛伏丁酉金癸亥水九五立世九二大夫為應九五在兌象為世澤小於天也建始巳亥至甲辰小雪清明積算起甲辰至癸卯周而復始金木分乾兌入坤象入坤宮起積算五星從位起太陰太陰水位入卦起算亢宿從位降丁酉二十八宿配亢宿入夬卦丁酉金上起分氣候二十八積算起宮二十八入卦甲辰還丁酉金上定吉凶易云澤上於天夬揚于王庭柔道消消不可極反於游魂九四柔來文剛

陰道存也陰之道不可終否剛柔相濟日月明矣天地定位人事通也凡卦陰極陽生陽極陰生生生之義不絕之貌日月循環天地交泰陰陽相盪六位交分萬物生焉故曰雷動風行山澤通氣人之運動體斯合矣人禀五常三焦九竅風火遞相兼濟以一位虧四體羸焉陰陽升降反復道也次降入游魂水天需卦

䷄乾下坎上需雲上於天凝於陰而待於陽故曰需需者待也三陽務上而隔於六四路之險也外卦坎水為險亦陰稱血也坤之反覆適陽入陰夬卦九四入需卦成六四陰之位也陰陽交會運動陰雨積而凝滯於陽通乃合也羣陽務上

一陰報之故疑滯雨乃合與兌爲飛伏戊申金丁亥水游魂立世諸侯應初九元士建始甲辰至巳酉清明秋分積算起巳酉至戊申周而復始金土入乾坎積算起宮定吉凶五星從位起歲星歲星木星入卦氐宿從位降戊申二十八宿降氐宿入坤宮游魂卦六四戊申金上起積算吉凶分氣候三十六定吉凶總三十六位起算乾外見坎健而進隘在前也需與飲食爭於坎也陰陽相激勝負有倚反爲不速敬終有慶陰陽漸消陽道行行反復其位不妄於陰坎降入歸魂水地比卦坤之歸魂也

☵☷坤下坎上比反本復位陰陽相定六爻交互一氣在也水在地上九五居尊萬民服也比卦一陽五陰少者爲貴衆之所尊者也比親於物物亦附焉原筮於宗歸之於衆諸侯列土君上崇之奉于宗祧盟契無差邦必昌矣與乾爲飛伏乙卯木甲辰土歸魂六三三公居世應上六宗廟建始癸卯至戊申春分立秋積算起熒惑火星入卦房宿從位降乙卯二十八宿配房宿入坤歸魂乙卯木位上分氣候二十八積算起二十八數陰道將復以陽爲主一陽居尊羣陰宗之六爻交分吉凶定矣地道之義妻道同也臣

之附君比道成也歸魂復本陰陽相成萬物生也故曰坤生三女巽離兌分長中下巽長女離中女兌少女以陽求陰乾之巽爲長女

䷸巽下巽上　巽陽中積陰而巽順本乾象陰來盪成巽巽者順也風從穴入於物號令齊順天地明也內外稟於一陰順於天地道也聲聞於外遠彰柔順陰陽升降柔於剛也本於堅剛陰來又柔東南向明齊肅陰陽與震爲飛伏辛卯木庚戌土宗廟居世三公在應上九九三建始辛丑至丙午大寒芒種積算起丙午至乙巳周而復始

火木與二十八宿分虛宿入翼上九辛卯土木分氣候其數三十六分三十六數入卦起算陰氣起陽陽順於陰陰陽和柔升降得位剛柔分也陰不可盈晷刻傾也初六適變陽來陰退健道行也三陽務進外陰陽也適變於內外未從也次降陰交於陽九為小畜卦初六變初九也

乾下巽上　小畜易云密雲不雨自我西郊小畜之義在於六四三陽連進於一危也外巽體陰畜道行也巽之初六陰盪陽氣感積陰不能固退復本位三連同往而不可見成於畜義外象明矣一陰劣不能固

陽是以往也外巽積陰能固陽道成在上九一爻之法也易云既雨既處也與

乾爲飛伏甲子水辛丑土初九元士居世六四諸侯在應

建始壬寅至丁未立春大暑積算起丁未至丙午周而

復始木土入乾巽入宮起算法五星從位起太白金星入卦

起算吉凶尾宿從位降甲子二十八宿入卦分尾宿以小畜甲子水上起算分

氣候其數二十八分二十八數起宮推算一陰居六四建子

入陽宮推其休咎處吉凶剛健立陽爻陰凝在巽

體易云輿說輹夫妻反目不義之兆夏至起純陰陽爻

位伏藏冬至陽爻動陰氣凝地陰陽升降以彖爲

剛見中虛文明積氣居內象九二適變入離次降入風火

家人卦

☲☴離下巽上家人乾剛俱變文明內外相應九五應六二爻陰陽得位居中履正火上見風家人之象閑邪存誠嗃嗃得中互體見文明家道明也內平遇坎險象家人難也酌中之義在於六二與離為飛伏己丑土辛亥水建始癸卯至戊申春分立秋積算起戊申至丁未金土入離巽金土入卦同積算大夫居世應九五立君位五星從位起太陰太陰北方入卦起宮推算箕宿從位降己丑二十

入宿分箕宿入家人卦在巳丑土上分氣候其數三十六三十六起數家人卦推入積算休咎火木分形陰陽得位內外相資二氣相合君君臣臣父父子子兄兄弟弟易曰家人嗃嗃父子嘻嘻治家之道分於此也吉凶之義配五行進退六五進退吉凶於陰陽陰陽得起在於四時運動吉凶見矣分內外矣二象配天地星辰合命定吉凶文明運動變化之象九三適陰入震風爲雷合曰益次降風雷益卦

䷩震下巽上益天地不交曰否六二陰上乘剛九四下降積陰故爲益易曰損上益下雷動風行男下女

上震男巽女陽益陰君益於民之仰也互見坤坤道柔順又外見艮艮止陽益陰止於陽柔道行也內外順動風雷益四象分明剛柔定矣與震爲飛伏庚辰土辛酉金六三三公居世上九宗廟爲應建始甲辰至巳酉清明秋分積算起巳酉至戊申周而復始土金入震巽起積配風雷益卦起宮五星從位起歲星木星入卦計宿從位降庚辰二十八宿分計宿入風雷益六二庚辰土上分氣候二十八起二十八數積算吉凶周而復始陰陽二木合金土配象四時運轉六位交分休廢旺生吉凶見乎動爻配日月星辰進退運氣升降

宜何位金水木火土適變於外陽入陰爻二象健而氣於天地也天陽震雷亦陽也二氣相激動而健天行也陰陽相盪

入天雷无妄卦

䷘ 震下乾上无妄乾剛震動二氣運轉天下見雷行正之道剛正陽長物无妄矣內互見艮止於純陽外互見巽順於陽道天行健而動剛正於物物則順也金木配象吉凶明矣金木配乾震入卦與乾為飛伏壬午火辛未土九四諸侯在世初九元士立應上建始乙巳至庚戌小滿寒露積算起庚戌至巳酉周而復始火土

入乾震火土分乾震入无妄卦起積算五星從位起熒惑火星入卦定吉凶牛宿從位降壬午二十八宿分牛宿入无妄壬午火位上分氣候三十六三十六數起卦積算上金下木二象相推陰陽升降健而動內見一陽應動剛五行分配吉凶半矣二氣各爭九五適變入文柔陰盪陽爻歸復位剛柔履次明在外進退吉凶見中虛爻降入火雷噬嗑卦

䷔震下離上噬嗑柔乘文剛積氣居中陰道明白動見文明雷電合分威光而噬嗑也易曰頤中有物曰噬嗑陰陽分中動而明象雷電也物有不齊齧而噬吉

凶之道象於五行順則吉逆則凶火木合卦配升降與離爲飛伏（巳未土／辛巳火）六五居尊應六二大夫建始丙午至辛亥（芒種／小雪）積算起辛亥至庚戌周而復始火土入離震（分火土二位入噬嗑卦起積算爻／推配星辰歲月日時進退吉凶）五星從位起鎮星（土星／入卦）女宿從位降巳未土（二十八宿／分女宿入卦六五巳未土也）分氣候二十八（從二十八位數／起入卦算吉凶）火居水上陽中見陰陽雜氣渾而濁吉凶適變隨時見也返復陰游魂入卦（降下九四／陽入陰）五行進退始終之道斯可驗矣升降六爻極返終下降山雷頤卦

䷚震下艮上頤六位上下周而復始內外交互降入純陰見坤象居中地之氣萃在其中上下陽位包陰積純和之氣見浩然之道明矣土木配象吉凶從六虛六虛即六爻也與震爲飛伏丙戌土己酉金六四諸侯在世元士之初九見應建始辛亥至丙辰小雪清明積算起丙辰至乙卯周而復始土木入艮震分土木二象入卦算吉凶五星從位起太白金星西方入八月卦上衡虛宿從位降丙戌土二十八宿分虛宿入頤六四丙戌土上分氣候三十六起數二十八推六爲吉凶之位山下有雷止而動陰陽通變分氣候內外剛而積中柔升

降游魂下居六四位特分復歸於本（游魂反居六四入卦周始爻位遷次明矣）吉凶起於六四次環六位星宿躔次也極則反本降入歸魂山風蠱卦

䷑（巽下艮上）蠱適六爻陰陽上下本道存也氣運周而復始山下見風止而順內互悅而動易云蠱者事也先甲後甲事分而令行金土合木象復本曰歸魂與震為飛伏（辛酉金 庚辰土）九三歸魂立三公在世應上九見宗廟建始庚戌至乙卯（寒露 春分）積算起乙卯至庚寅周而復始土木入艮巽（土木分 艮巽宮）五星從位

起太陰太陰水星入卦用危宿從位降辛酉金二十八宿危宿入巽歸魂山風蠱九三辛酉金位上分氣候二十八起積算數二十八卦宮定吉凶木上見土風落山貞幹於父事陰陽復位長幼分焉八卦循環始於巽歸魂內象見還元六爻進退吉凶在於四時積算起宮從乎建始卦用及身也升陰陽巽宮適變入離文柔分矣陰入陽退見中虛坎水中女八卦相盪陰陽定位遷入離宮八卦純火以日用事

䷝ 離下離上 離本於純陽陰氣貫中稟於剛健見乎文

明故易曰君子以繼明照於四方離卦中虛始于乾象純剛健不能柔明故以北方陰氣貫中柔剛而文明也陽爲陰主陽伏於陰也成卦義在六五是以離體爲日爲火始於陽象而假以陰氣純用剛健不能明照故以陰氣入陽柔於剛健而能順柔中虛見火象也是以離取中虛氣炎方能照物日昌火本陽象也純以陰又不能乾於物純以陽又暴於物故取陰柔於中女能成於物也與坎爲飛伏己巳火戊子土宗廟爲世應上見三公上九九三建始戊申至癸丑立秋至大寒積算起癸丑至壬子火取胎月至本月周而復始土水二象入離火位土水二位入卦起算五星從位起

京氏易傳　卷之中

歲星（木星入火宮卦）室宿從位降巳巳火（二十八宿分室宿入離宮上九巳巳火上也）分氣候三十六（積算起數三十六立位定吉凶）內外二象配於火土爲祥（土火入離爲祥）互見悅順著於明兩（兌巽二象）陰陽升降入初九適變從陰止於艮象（內卦變也）吉凶從位起至六五休廢在何爻（看當何位金水木火土與本宮刑宮）次降入火山旅卦（初九爻變之）

䷷（艮下離上）旅陰中見陽盪入陽中陰陽二氣交互見本象火居山上爲旅之義（離爲陰初九爲陽艮爲陽初六爲陰二氣交互上下見木也火在上無止象旅之義）易曰旅人先笑後號咷又曰得

其資斧仲尼爲旅人固可知矣旅卦爲取象火在山上顯露無止五
行入卦消息去此還也與艮爲飛伏丙辰土己卯木世居初六元士
九四諸侯見應建始巳酉至甲寅秋分立春積算起甲
寅至癸丑周而復始火土木入離艮火木土入卦起積算五
星從位起熒惑火星入卦見本象壁宿從位降甲辰二十八宿
壁宿入旅卦初六丙辰土位上起算分氣候三十六分三十六數起卦推算火
土同宫二氣合應陰陽相對吉凶分乎陰位上九
陽居宗廟得喪于易六五爲卦之主不係于一凶
其宜也內象適變盪陰入陽巽順於外進退意器

外象明應內爲鼎次降火從風入鼎初九之初六六二之九二

巽爲風離象火曰鼎

䷱巽下離上鼎木能巽火故鼎之象亨飪見新供祭明矣易曰鼎取新木見火中發火木相資象鼎之兆下穴爲足中虛見納飪熟之義明矣凡飪熟享祀爲先故曰供祭明矣變生也陰陽得應居中履順三公之義繼於君也九三成鼎之德六五委任得賢臣假之位以斯明也陰穴見火順於上也中虛見納受辛於內也金玉之鉉在乎陽饗新亨飪在乎陰與巽爲飛伏辛亥水巳丑土九二立大夫爲世六五居尊見應建始庚戌至乙卯寒露

春分積算起乙卯至甲寅周而復始分土木入離巽分土木二象入離巽配鼎卦五星從位起鎮星土星入火宮奎宿從位降辛亥水二十八宿分奎宿入鼎卦九二辛亥位上分氣候三十六起宮數三十六宮配卦算吉凶火居木上二氣交合陰陽巽順器具形存金玉堅剛配象陰陽吉凶六位遞相遷次九三適變以陽入陰見乎坎險鼎九三爻之義陰成坎卦外象内坎外離二氣不交見未濟卦降入水火未濟卦

䷿ 坎下離上 未濟陰陽二位各復本體六爻交互異於正象離炎上坎務下二象不合各殊陰陽交納是以異於本象也故取未濟名

之世應得位陰陽殊塗（九二六五）性命不交吉凶列矣（坎性離命）與坎爲飛伏（戊午火巳亥水）六三三公爲世應宗廟上九建始辛亥至丙辰（小雪清明）積算起丙辰至丁卯水土二象入離坎（分水土入卦）五星從位起太白（金星入離宮卦）（分六爻）婁宿從位降戊午火（二十八宿分婁宿入未濟九二戊午火位上定）（吉凶入積算）分氣候二十八（積算二十八數至吉凶處）水火二象坎離相納受性本異立位見隔睽于上下吉凶生也（子午之位）受刑見害氣不合也陰陽升降入於外卦適離爲艮上著於象（艮上著離也）天地盈虛與時消息其

大也次降入山水蒙卦

☶☵坎下艮上蒙積陽居陰止於坎陷養純正素居中得位易云山下出泉蒙二象標正天下通也擊暗釋疑陽道行也內實外正暗得明陰附於陽稚道亨也故曰蒙養正與艮為飛伏丙戌土乙酉金諸侯立世元士為應六四初六建始壬子至丁巳大雪小滿積算起丁巳至丙辰周而復始火土入艮坎火土二象入卦同算五星從位起太陰木星北方入卦起算胃宿從位降丙戌土二十八宿分胃宿入蒙卦六四丙戌土上分氣候三十六起數二十八從六位推算山下見

水畜聚居中分流萬泒六位不居吉凶適變水土分也五行入卦算吉凶逐四時行囚廢王吉則王凶則廢陰陽進退歲時物也六五陽中積陰入巽見陰中陽二氣相盪不可盈望爻降入風水渙卦六五變入九五陽中陰入陰中陽適變往於他宮位不出本宮

䷺ 坎下巽上 渙水上見水渙然而合渙者散也內外健而順納實居中正互見動而上虛舟行也陰陽二象資而益也風行水上處險非溺也木浮于水也九五履正息順非偏也與巽為飛伏辛巳火巳未土九五居尊大夫應九二

爻也建始癸丑至戊午大寒芒種積算起戊午至丁酉周而復始火土入坎巽火土二象入坎巽配火宮渙卦起算五星從位起歲星木星入火宮本象昴宿從位降辛巳火二十八宿分昴宿入渙九五辛巳火位上分氣候其數二十八起算從二十八位上推六爻吉凶歲月日時爲候內卦坎中滿一陽居中積實于內風在外行虛聲外順吉凶之位孜乎四序盛衰之道在乎機要陰陽死于位生于時死于時生于位進退不可詰正盛則衰來正衰則盛來易曰積善之家必有餘慶積不善之家必有餘殃八卦始終六虛反

復游魂生巽入乾爲天水訟卦

䷅（坎下乾上）訟生生不絶之謂道六位不居返爲游魂離宮八卦以訟爲反四（五至四也）天與水違曰訟（天道西行水東流其路背也外象乾西北方之位內坎水正北方之卦其流東也二氣不交曰訟）五行所占六位定吉凶非所背順爲正金與水二氣相資父子之謂健與險內外相激家國之義出象故以則斯可驗矣與巽爲飛伏（壬午火辛未土）諸侯居世元士見應（九四初六）建始戊午至癸亥（芒種小雪）積算起癸亥至壬戌周而復始火水入卦（火水二象入離宮配六位積算推日月歲）

時五星從位起熒惑火星入火宮同起積算畢宿從位降壬午火二十八宿分畢宿入離游魂天水訟卦九四壬午火上也分氣候三十六起宮從三十六位算吉凶天下見水陰陽相背二氣不交物何由生吉凶宗於上九進退見於九四二居中履正得其宜也陰陽升降復歸內象陰去陽來復本位內見離同人次降天火同人卦次本陽上下二爻陰適變從離也

䷌離下乾上同人二氣同進健而炎上乾務上離務下同途異致性則合也易曰出門同人又誰咎也九二得位居中六三積陰待應易曰先號咷而後笑隔於陽位不能

決勝先故曰號咷後獲合方喜也故曰後笑也八卦復位六爻遷次周而復始上下不停生生之義易道祖也天與火明而健陽道正陰氣和也六二居內卦中能奉於陽吉凶故象五行昭然金木水火土配六位相生與坎為飛伏巳亥水戊午火歸魂立三公為世上九宗廟為應候建始丁巳至壬戌小滿寒露積算起壬戌至辛酉周而復始火土入乾離火土二象入乾離配六宮起積算五星從位起鎮星土星入卦定其吉凶觜宿從位降巳亥水二十八宿分觜宿入離歸魂配天火同人九三巳亥水上分氣候二十八起積算二十八位數巡六爻有吉凶入何位火上見金二氣雖

同五行相悖六爻定位吉凶之兆在乎五二得時則順失時則逆陰陽升降歲月分焉爻象相盪內外適變八卦巡迴歸魂復本本靜則象生故適離爲兌入少女分八卦於兌象次入兌宮八卦

☱兌下兌上兌積陰爲澤純金用體畜水凝霜陰道同也上六陰生與民爲合兌下六陰凝艮土於陽健納兌爲妻二氣合也土木入兌水火應之二陰合體積于西郊秋王衝艮入乾氣類陰也配象爲羊物類同也與艮爲飛伏丁未土丙寅木上六宗廟在世六三三公爲應建始乙卯至

庚申（春分立秋）積算起庚申至巳未周而復始金土入兌宮（金土入兌宮起積算）五星從位起太白（太白金星入卦）參宿從位降丁未土（二十八宿分參宿入兌上六丁未土上）分氣候三十六（起宮算從三十六數起定吉凶）內卦互體見離巽配火木入金宮分貴賤於強弱（火強木弱）吉凶隨爻算歲月運氣逐休王陰陽升降變初九入初六陽入陰爲坎象正體見陽位剛柔分吉凶見也適變內象入坎爲困卦（兌內卦初九變入坎）

䷮ 坎下兌上 困澤入坎險水不通困外稟內剛陰道長

也陰陽不順吉凶生也易云困于石據于蒺藜入
于其宮不見其妻凶上下不應陰陽不交二氣不
合困卦上下無應陰陽不交六三陰上六亦陰無匹入九五求陽陽亦無納也五行配
六位生悔吝四時休王金木交爭萬物之情在乎
幾微與坎爲飛伏戊寅木丁巳火初六元士爲世九四諸
侯在應建始丙辰至辛酉清明秋分積算起辛酉至庚
申周而復始土金入坎兌分土金入坎兌配金宮起算五星從
位起太陰水宿入兌卦起算井宿從位起太陰降戊寅二十八宿分井宿入困卦初六戊寅木
分氣候其數二十八二十八起宮入積算

（定吉凶）坎象互見離火入兌金水見運配吉凶陰陽升降坎入坤陰氣凝盛降入萃（變通入萃卦）

䷬（坤下兌上）萃金火分氣候土木入兌宮升降陰氣盛剛柔相應合九五定羣陰二氣悅而順（萃卦丁酉金乙巳火二象刑而合也）澤上於地積陰成萃易曰萃者聚也吉凶生陽氣合而悅（凡聚衆必愼防閑假陽爲主戌萃之義伏戎必預備衆聚去疑心）與坤爲飛伏（乙巳火丁卯木）六二大夫居世九五至尊見應建始戊寅至癸未（立春大暑）積算起癸未至壬午周而復始土木入坤兌（分土木入兌宮起算）五星從位起熒惑

火星入金水宮推吉凶也翼宿從位降乙巳二十八宿分翼宿入萃六二位上分氣候二十八積算起二十八數六爻見吉凶澤下見坤二氣順木土入宮有愛惡木惡土愛也陰陽升降陽氣來止於坤象互見艮艮爲陽兌象納艮陰氣强男下女次降澤

山咸卦

䷞ 艮下兌上 咸山下有澤虛已畜物陽中積陰感於物也陽下於陰男女之道內外相應感類於象也六二待聘九五見召二氣交感夫婦之道體斯合也易曰咸感也利取女吉艮少男兌少女男下於女娶婦之象與艮爲

飛伏（丙申金　丁丑木）九三三公居世上六宗廟爲應建始戊午至癸亥（芒種　小雪）積算起癸亥至壬戌周而復始火土入艮兌（分火土象入艮兌也）五星從位起熒惑（火星南方入金宮）柳宿從位降丙申（二十八宿分柳宿入咸九三丙申金爻上）分氣候三十六（積算起數分三十六位起吉凶）土上見金母子氣合陰陽相應剛柔定位吉凶隨爻受氣出則吉刑則凶陰陽等降入外險止於內象爲山水蹇卦（九四爻之入陰中剛）

䷦（艮下　坎上）蹇利於西南艮道通也水在山下蹇險難進陰陽二氣否也陰待於陽柔道牽也險而逆止

陽固陰長處能竭至誠於物爲合蹇道亨也易曰王臣蹇蹇匪躬之故（六二戊申金丁亥水）六四諸侯居世初六元士在應建始巳未至甲子（大暑大寒）積算起甲子至癸亥周而復始土水入坎艮（水土二象入艮配金宮起算）五星從位起鎮星（土星入金宮）星宿從位降戊申（二十八宿分星宿入蹇六四戊申金上）分氣候其數三十六（積算起數三十六從六位五行）土上見水柔而和此五行相推二氣合取象則陰陽相配也九五適變入坤宮宮比得朋陰氣合也（外卦九五變入坤內見艮故曰得朋也將入謙卦取象）次降入

京氏易傳（明汲古閣《津逮秘書》刊本）

地山謙

䷎ 艮下坤上 謙六位謙順四象無凶一陽居內卦之上爲謙之主易曰謙謙君子利涉大川陰陽不爭處位謙柔陰中見陽止順於謙有無之位上下皆通易曰撝謙無不順也與坤爲飛伏（癸亥水 丁酉金）六位居世大夫在應建始庚申至乙丑（立秋 大寒）積算起乙丑至甲子周而復始金土入坤艮（金土二象入兌宮起算也）五星從位起太白（太白金星入兌宮卦）張宿從位降癸亥（二十八宿分張宿入謙六五癸亥水上）分氣候二十八（積算起數二十八位）坤在艮上

順而止五行入位象謙彖吉凶隨爻適變陰陽升降至六五位返入游魂變歸六四蠱六四一爻入陽也八卦相離四象分也次降入雷山小過卦

䷽艮下震上小過六四適變血脉通也陽入陰陰入陽二氣降内外象上下返應二剛相適九三九四土木入卦分於二象内艮外震雷處高山亢之極也内彖無正性危及於外易曰飛鳥遺之音不宜上宜下與坤爲飛伏庚午火癸丑土反歸九四諸侯立世元士見應建始乙丑至庚午大寒芒種積算起庚午至巳巳周而復

始土火入震艮外土火二象入兌宮五星從位起太陰水星入卦游魂翼宿從位降庚午二十八宿分翼宿入兌宮游魂小過卦九四庚午火上分氣候三十六積算三十六數六位吉凶木下見土二陽畜陰六位相刑吉凶生也上升下陰陽反應各私其黨六爻適變陰道悖也升降進退其道同也之艮入兌陰納與陽也反復其位次降入歸魂雷澤歸妹卦

䷵兌下震上歸妹陰伏於本悅動於外二氣不交故曰歸妹歸者嫁也互見離坎同於未濟適陽從陰剛從外

至九四四至剛六三悅柔返無其應凶並羊涉卦之終長何吉也與艮爲飛伏丁丑土丙申金三公歸魂之世上六宗廟見應建始甲子至巳巳大雪小滿積算起巳巳至戊辰周而復始水土入震兌分水土二象入兌宮五星從位起歲星木星東方入兌宮歸魂軫宿從位降丁丑土二十八宿分軫宿入兌歸魂六二丁丑土上分吉凶起算分氣候三十八積算起三十八數六位推五行數吉凶雷居澤上剛氣亢盛陰陽不合進退危也震長男兌少女少女匹長男氣非合也吉凶在上六處於動極適變位定時不可易之道也五行考象非合斯義

陰陽運動適當何爻或陰或陽或柔或剛升降六位非取一也兌歸魂配六十四卦之終也

京氏易傳卷之下

夫易者象也爻者效也聖人所以仰觀俯察象天地日月星辰草木萬物順之則和逆之則亂夫細不可窮深不可極故揲蓍布爻用之於下筮分六十四卦配三百八十四爻序一萬一千五百二十策定天地萬物之情狀故吉凶之氣順六爻上下次之八九六七之數內外承乘之象故曰兼三才而兩之孔子曰陽三陰四位之正也三者東方之數東方日之所出又圓者徑一而開三也四者西

方之數西方日之所入又方者徑一而取四也言日月終天之道故易卦六十四分上下象陰陽也奇耦之數取之於乾坤乾坤者陰陽之根本坎離者陰陽之性命分四營而成易十有八變而成卦卦象定吉凶明得失降五行分四象順則吉逆則凶故曰吉凶悔吝生乎動又曰明得失於四序言吉凶生乎動五行休廢內犯胎養合五行運機布度其氣轉易王者亦當則天而行與時消息安而不忘亡將以順性命之理極蓍龜之源重三成六能事畢矣分天地乾

坤之象益之以甲乙壬癸乾坤二象天地陰陽之本故分甲乙壬癸陰陽之終始震巽之象配庚辛庚陽入震辛陰入巽坎離之象配戊己戊陽入坎己陰入離艮兌之象配丙丁丙陽入艮丁陰入兌八卦分陰陽六位五行光明四通變易立節天地若不變易不能通氣五行迭終四時更廢變動不居周流六虛上下無常剛柔相易不可以為典要惟變所適吉凶共列于位進退明乎機要易之變化六爻不可攄以隨時所占周禮太卜一曰連山二曰歸藏三曰周易初為陽二為陰三為陽四為陰五為

陽六爲陰一三五七九陽之數二四六八十陰之數（陰主賤陽主貴）陰從午陽從子子午分行子左行午右行左右凶吉吉凶之道子午分時立春正月節在寅坎卦初六立秋同用雨水正月中在丑巽卦初六處暑同用驚蟄二月節在子震卦初九白露同用春分二月中在亥兌卦九四春秋分同用清明三月節在戌艮卦六四寒露同用穀雨三月中在酉離卦九四霜降同用立夏四月節在申坎卦六四立冬同用小滿四月中在未巽卦六四小雪同

用芒種五月節在午乾宮九四大雪同用夏至五月中在巳兌宮初九冬至同用小暑六月節在辰艮宮初六小寒同用大暑六月中在卯離宮初九大寒同用孔子云易有四易一世二世爲地易三世四世爲人易五世六世爲天易游魂歸魂爲鬼易八卦鬼爲繫爻財爲制爻天地爲義爻天地即父母也福德爲寶爻福德即子孫也同氣爲專爻兄弟爻也龍德十一月在子在坎卦左行虎刑五月午在離卦右行甲乙庚辛天官申酉地官丙丁壬癸天官亥子地官

戊巳甲乙天官寅卯地官壬癸戊巳天官辰戌地官靜爲悔發爲貞貞爲本悔爲末初爻上二爻中三爻下三月之數以成一月初爻三日二爻三日三爻三日名九日餘有一日名曰閏餘初爻十日爲上旬二爻十日爲中旬三爻十日爲下旬三旬三十積旬成月積月成年八八六十四卦分六十四卦配三百八十四爻成萬一千五百二十策定氣候二十四考五行於運命人事天道日月星辰局於指掌吉凶見乎其位繫云吉凶悔吝主乎動

寅中有生火亥中有生木巳中有生金亦云壯生之位申
中有生水丑中有死金戌中有死火未中有死木
辰中有死水土兼於中建子陽生建午陰生二氣
相衝吉凶明矣積算隨卦起宮乾坤震巽坎離艮
兑八卦相盪二氣陽入陰陰入陽二氣交互不停
故曰生生之謂易天地之內無不通也乾起巳坤
起亥震起午巽起辰坎起子離起丑艮起寅兑起
於六十四卦遇王則吉廢則凶衝則破刑則
敗死則危生則榮攷其義理其可通乎分三十爲

中六十爲上三十爲下總一百二十通陰陽之數也新新不停生生相續故淡泊不失其所確然示人陰陽運行一寒一暑五行互用一吉一凶以通神明之德以類萬物之情故易所以斷天下之理定之以人倫而明王道八卦建五氣立五常法象乾坤順於陰陽以正君臣父子之義故易曰元亨利貞夫作易所以垂教教之所被本被於有無且易者包備有無有吉則有凶有凶則有吉生吉凶之義始於五行終於八卦從無入有見災於星辰

也從有入無見象於陰陽也陰陽之義歲月分也歲月既分吉凶定矣故曰八卦成列象在其中矣六爻上下天地陰陽運轉有無之象配乎人事八卦仰觀俯察在乎人隱顯災祥在乎天考天時察人事在乎卦八卦之要始於乾坤通乎萬物故曰易窮則變變則通通則久久於其道其理得矣卜筮非襲於吉唯變所適窮理盡性於茲矣

晁氏公武曰漢藝文志易京氏凡三種八十九篇隋經籍志有京氏章句十卷又有占候十種七十

三卷唐藝文志有京氏章句十卷而易占候存者
五種二十三卷今其章句亡矣乃略見於僧一行
及李鼎祚之書今傳者曰京氏積算易傳三卷雜
占條例法一卷或共題易傳四卷而名皆與古不
同今所謂京氏易傳者或題曰京氏積算易傳者
疑隋唐志之錯卦是也雜占條例法者疑唐志之
逆刺占災異是也錯卦在隋七卷唐八卷所謂積
算雜逆刺占災異十二卷是也至唐逆刺三卷而
亡其八卷元祐八年高麗進書有京氏周易占十

卷疑隋周易占十二卷是也是古易家有書而無
傳者多矣京氏之書幸而與存者纔十之一尚何
離夫師說邪景迂嘗曰余自元豐壬戌偶脱去舉
子事業便有志學易而輒好王氏本妄以謂弼之
外當自有名家者果得京氏傳而文字顛倒舛訛
不可訓知迨其服習甚久漸有所窺今三十有四
年矣乃能以其象數辨正文字之舛謬於邊郡山
房寂寞之中而私識之曰是書兆乾坤之二象以
成八卦凡八變而六十有四於其往來升降之際

以觀消息盈虛於天地之元而酬酢乎萬物之表者炳然在目也大抵辨三易運五行正四時謹二十四氣志七十二候而位五星降二十八宿其進退以幾而為一卦之主者謂之世奇耦相與據一以起二而為主之相者謂之應世之所位而陰陽之肆者謂之飛陰陽肇乎所配乾與坤震與坎巽與離艮與兌而終不脫乎本以飛某位之卦乃伏某宮之位以隱顯佐神明者謂之伏起乎世而周乎內外參乎本數以紀月者謂之建終之始之極乎數而不可窮以紀日者謂之

積會於中而以四爲用一卦備四卦者謂之互乾建甲子於下坤建甲午於上八卦之上乃生一世之初初一世之五位乃分而爲五世之位其五世之上乃爲游魂之世五世之初乃爲歸魂之世而歸魂之初乃生後卦之初其建剛日則節氣乘日則中氣其數虛則二十有八盈則三十有六蓋其可言者如此若夫象遺乎意意遺乎言則錯綜其用唯變所適或兩相配而論內外二象若世與內革水火配位離火四世水若世與外困金木交爭外兌金初世木或不論內

外之象而論其內外之位萃土木入艮兌初土四木或三相參而論內外與飛賁土火木分陰陽艮土離火飛木若伏旅火土木入離艮離火艮土休伏木或相參而論內外世應建伏觀金土火木互爲體建金水應內土伏火外木或不論內外而論世建與飛伏益金土入震巽世與飛土建與伏金或兼論世應飛伏復水土見候世應水土飛伏水土屯土木應象世應土木飛伏土木或專論世應夬金木合乾兌入坤象世金應木蠱金木入艮巽世金應木或論世之所忌履金火入卦初九火[redacted]九四火克九五世金爻及乾爻金或論世之所生巽火木與巽同宮世木巽木見火於其所起見其所滅大壯起于子滅于亥於其所刑見其所生隨金木交刑水火相

激兊金弜水故曰死於位生於時死於時生於位苟非彰往而察來微顯而闡幽者曷足以與此前是小王變四千九十有六卦後有管輅定乾之軌七百六卦復有入坤之軌六百七十有二其知之者將可以語邵康節三易矣從小王之徒唯知尚其詞耳其謂斯何晉魯商瞿子木受易孔子五傳而至漢田何子裝何授洛陽丁光光授碭田王孫王孫授東海孟喜孟喜授梁焦贛延壽延壽授房房授東海殷嘉河東姚平河南乘弘由是易有京房之

學而傳盛矣有瞿牧自生者不肯學京氏曰京非孟氏學也劉向亦疑京託之缺一字孟氏不知當時爲何說也今以當時之書驗之蓋有孟氏京房十一篇以大異孟氏京房六十六篇與夫京氏殷嘉十二篇同爲一家之學則其源委孰可誣哉此亦學者不可不知也若小王者果何所授受邪蓋自京氏爲王學有餘力而王學之適京氏則無錄矣或傳是書而文字舛謬得以予言而攷諸凡學不可就正者鈌以待來哲積算雜占條例法具卬別

錄

京氏易傳　卷之下

漢時有兩京房皆治易一為梁人焦延壽弟子成帝時人以明災異得幸一為淄川楊何弟子宣帝時人出為齊郡太守顏師古亦謂別是一人非延壽弟子為課吏法者或書字誤耳按殷嘉姚平乘弘諸家所傳京氏之學迺受焦氏學者易傳四卷亦其所作卷帙多寡不同晁氏言之詳矣至鬱林太守注本向傳四卷後有雜占條例法一卷今止存三卷所亡寔多但京氏以積筭占候為主卜氣用

六日七分葉石休病其言厖雜朱子又云動
便筭得靜便筭不得石顯譖言巳動不能先
幾遠害豈占筭獨未灼然耶隱湖毛晉識

京氏易傳三卷

京氏易傳目錄

卷上

卷中

京氏易傳（明《漢魏叢書》刊本）

離旅鼎未濟蒙渙訟同人

兌困萃咸蹇謙小過歸妹

目録終

京氏易傳卷上

漢　東郡京房著

吳　吳郡陸績註

明　新安程榮校

☰乾下乾上　乾純陽用事象配天屬金與坤爲飛伏居世壬戌土癸酉金易云用九見羣龍无首吉純陽用九之德九三三公爲應肖乾乾夕惕之憂甲壬配外內二象乾爲天地之首分甲壬入乾位積筭起巳巳火至戌辰土周而復始吉凶之兆積年起月積日起時積時起卦入本宮五星從位起鎮星土星入西方麗西北居壬戌爲伏位

參宿從位起壬戌壬戌在世居宗廟建子起潛龍十一月冬至一陽生建巳至極主亢位四月龍見于辰陽極陰來吉去凶生用九吉配於人事爲首乾爲首也爲君父乾象堅剛天地之尊故爲君父於類爲馬爲龍天行運轉不息降五行頒六位十二辰分六位升降以時消息吉凶居西北之分野陰陽相戰之地易云戰于乾乾爲陽西北陰陽入陰二氣盛必戰天六位地六氣六象六包四象分萬物陰陽無差升降有等陰陽二十四候律呂調矣人事吉凶見乎其象造化分乎有無故云變動不居周流六虛六位純陽陰象在中陽中陰陰中陽陽爲君陰爲臣陽爲民陰爲事陽實陰虛明暗之象陰陽可

知（三五爲陽二四爲陰初上潛亢）水配位爲福德（甲子水是乾之子孫）木入金鄉居寶貝（甲寅木是乾之財）土臨內象爲父母（甲辰土是乾之父母）火來四上嫌相敵（壬午火是乾之官鬼）金入金鄉木漸微（壬申金同位傷木）宗廟上建戌亥乾本位（戌亥乾之位）陽極陰生（降入姤卦）八卦例諸

䷫（巽下乾上）姤陰爻用事金木互體天下風行曰姤姤遇也易曰陰遇陽（一陰初生陽氣猶盛陰未爲敵）與巽爲飛伏元士居世（辛丑土甲子水）尊就卑（子孫與父母相代位）定吉凶只取一爻之象（多以少爲貴）九四諸侯堅剛在上陰氣處下易云繫于金

柅巽積陰入陽辛壬降內外象建庚午至乙亥芒種小雪積算起乙亥水至丙戌土周而復始灾福之兆生乎五行升降也五星從位起太白太白在西居金位井宿從位入辛丑辛丑入土元士臨母也建午起坤宮初六爻易云履霜堅氷至建亥龍戰于野戌亥是乾之位乾伏本位必戰積陰之地猶盛故戰配與人事爲腹爲母坤順容於物於類爲馬易云行地無疆此釋一爻配坤象本體是乾巽令贊贊一爻起陰假坤象言之內巽爲風乾爲天天下有風行君子以號令告四方巽入也風入於坤皆動也故知天下有風動其物也天風氣象三十六候三十六候節氣降大風象木入金爲始金納木也陰不能

制於陽附於金柅易之柔道牽也五行升降以時消息陰盪陽降入遯天山遯卦

䷠艮下乾上遯陰爻用事陰盪陽遯金土見象山在天下爲遯遯退也陰來陽退也小人君子汚隆契斯義也易云遯世無悶與民爲飛伏大夫居世建辛未爲月丙午火丙寅木六二得應與君位遇建焉臣事君全身遠害遯侯時建辛未至丙子陰陽遯去終而伏位從六月至十一月也積筭起丙子至乙亥周而復始火土同宮天與山遯陽消陰長無專於敗繫云能消息者必專者敗五星從位起太陰

鬼宿入位降丙辰丙午臨元土配於人事爲背爲手艮爲背手於類爲狗爲山石內外升降陰陽分數二十八候分陰陽進退土入金爲緩積陽爲天積陰爲地山所地高峻逼通於天是陰長陽消降入否陰逼陽去入天地否卦

䷋坤下乾上否內象陰長純用陰事天氣上騰地氣下降二象分離萬物不交也小人道長君子道消陰小人陽君子易云否之匪人與坤爲飛伏三公居世乙卯木甲辰土上九宗廟爲應君子以俟時小人爲災乙卯泰來建壬申至丁丑陰氣浸長七月立秋至十二月大寒積算起丁丑至丙子周而復始

金丑土同宮吉凶見矣五星從位起歲星木星入卦用事柳宿從位降乙卯乙卯臨三公氣分氣候三十六六六六三十六積筭吉凶陰陽升降陽道消鑠陰氣凝結君臣父子各不迨及陰盪陽來道行矣易云其亡其亡繫于苞桑苞桑則叢桑也天地清濁陰薄音搏陽消天地盈虛與時消息危難之世勢不可久五位既分四時行矣君子當危難世獨志難不可久立特處不改其操將及泰來上九云否極則傾何可長也否極則泰來陰長降入於觀九四被陰逼入觀卦

☷坤下
☴巽上觀內象陰道已成威權在臣雖大觀在上而

陰道浸長與巽爲飛伏諸侯臨世辛未土壬午火反應元士而奉九五君位也易云觀國之光利用賓于王臣道出於六四爻也建癸酉至戊寅陰陽交伏秋分至立春積筭起戊寅至丁丑周而復始用金爲首金土火互爲體五星從位起熒惑火星入卦用事吉凶星宿從位降辛未星宿入諸侯宮木星同位土木分氣二十八積筭分配六位吉凶爻定數陰陽升降定吉凶成敗取六四至于九五成卦之終也易云觀我生我生郎道也又云風行地上君子之德風小人之德草也列象分爻以定陰陽進退之道吉凶見矣地上見巽積陰凝盛降入于剝九五

退陰入

剥卦

䷖坤下艮上 剥柔長剛滅天地盈虚建戌至建亥體象金爲本隨時運變水土用事成剥之義出於上九易云碩果不食君子得輿小人剥廬君子全得剥道安其位小人終不可安也與艮爲飛伏丙子水壬申金天子治世反應大夫建甲戌至巳卯陰陽定候寒露至春分積筭起巳卯木至戊寅木周而復始吉凶之兆見于有象純土配金用事五星從位起鎮星土星入卦張宿從位降丙子張宿入天子宮金土分氣三十六積筭六位起吉凶天地盈虚氣候易象云山附於地剥君子俟時不可茍變

存身避害與時消息春夏始生天氣盛大秋冬嚴殺天氣消滅故當剥道已成陰盛不可逆陽息陰專升降六爻反爲游魂盪入晉積陰反入晉卦

䷢坤下離上晉陰陽返復進退不居精粹氣純是爲游魂爲陰極剥盡陽道不可盡滅故返陽道道不復本位爲歸魂例入卦金方以火土運用事與艮爲飛伏巳酉金丙戌土諸侯居世反應元士建巳卯至甲申陰陽繼候春分立秋積筭起甲申金至癸未土周而復始游魂取象配於正位吉凶同矣五星從位起太白卦配金星入用翼宿從位降巳酉金翼宿北方入晉卦行事二象分候二十八運

配金土積筭氣候無差於晷刻吉凶列陳象在其中矣天地運轉氣在其中矣乾道變化萬物通矣（乾分八卦至大有復卦）六爻交通至於六卦陰陽相資相逐相尅相生至游魂復歸本位爲大有故曰火在天上大有爲歸魂卦定吉凶配人事五行象乾爲指歸地（九八卦分爲八宮每宮八卦八八六十四卦定吉凶配人事天地山澤草木日月昆蟲包含氣候足矣）

䷍（乾下離上）大有卦復本宮曰大有內象見乾是本位（八卦本從乾宮起至大有爲歸魂）純金用事與坤爲飛伏（甲辰土乙卯木）三公臨世應上九爲宗廟建戊寅至癸未（立春正月至大暑時也）積

筭起癸未土至壬午火周而復始吉凶與乾卦同用五星從位起太陰太陰水星入卦用事軫宿從位降甲辰二十八宿分軫星入大有卦用事行度吉凶可見金土分象三十六候配陰陽升降六位相盪返復其道復歸本位也吉凶度數與乾卦同分六五陰柔爲日照于四方象天行健六龍御天少者爲多之所宗六五爲尊也柔處尊位以柔履剛以陰處陽能柔順於物萬物歸附故曰照于四方易曰火在天上大有離爲火爲日故曰大有陰陽交錯萬物通焉陰退陽伏返本也乾象分盪八卦入大有終也乾生三男次入震宮八卦乾生三男坤生三女陽以陽陰以陰求奇耦定數于象也

䷲ 震下震上 震分陰陽交互用事屬於木德取象爲雷出自東方震有聲故曰雷雷能警於萬物爲發生之始故取東也爲動之主爲生之本易繫云帝出乎震安不動主靜爲躁君與巽爲飛伏庚戌土辛卯木宗廟處上六陰爲陽之主震動動須由陰陽交互震動也運數入丙子至辛巳大雪至小滿積算起辛巳至庚辰土宮配吉凶周而復始吉凶配木宮以土用事五星從位起歲星水星入卦用事角宿從位降庚戌土庚戌入震用事臨上六爻庚戌土位爲元首內外木土二象俱震易曰震驚百里又云畏鄰戒也震爲雷聲驚于百里春發秋收順天行也取象定吉凶取象爲陽

配爻屬陰故曰陰陽交錯而爲震氣候分數三十六定吉凶於頃刻毫釐之末無不通也無不備也定陰陽數考人之休咎起于積筭終于六位也陰陽交互陽爲陰陰爲陽陰陽二氣盪而爲象故初九三陰爲豫入豫卦

坤下震上豫卦配火水木以爲陽用事易云利建侯行師又云天地以順動故日月不過四時不忒坤順震動聖人以順動則刑罰清而民服與坤爲飛伏乙未土庚子水世立元士爲地易奉九四爲正正建丁丑至壬午大寒芒種積筭起壬午至辛巳以六爻定吉凶周而復始火土箕休

咎

五星從位起熒惑熒惑火星入卦用事亢宿從位降乙未土亢宿配乙未土上木下見土內順外動故爲悅豫時有屯夷事非一揆爻象適時有凶有吉人之生世亦復如斯或逢治世或逢亂時出處存亡其道皆系易云大矣哉陰陽升降分數二十八極大小之數以定吉凶之道積筭壬午入乙未推吉凶豫以陽適陰爲內順成卦之義在於九四一爻以陽盪陰君子之道變之於解豫卦以陰入陽成九四之德之入解卦陽入陰成解之德

䷧ 坎下震上 解陰陽積氣聚散以時內險外動必散易云

解者散也解也品彙甲拆雷雨交作震雷坎雨積氣運動天地剖判成卦之義在於九二與坎爲飛伏戊辰土庚寅木立大夫於世爲人而六五降應委權命於庶品建戊寅至癸未立春大暑推吉凶於陰陽定運數於歲時積筭起癸未至壬午周而復始土火入數起宮五星從位起鎮星鎮星土位氐宿從位降戊辰氐宿入戊辰木下見水動而險陰陽會散萬物通焉升降屬陽盪陰以陽爲尊尊者高而甲者低變六三爲九三恒卦分氣候定數極位於三十六金水入數合卦成數定日月時變坎入巽居內象爲雷風運

動鼓吹萬物謂之恒入恒卦

䷟巽下震上恒久於其道立於天地雷與風行陰陽相得尊卑定矣號令發而萬物生焉萬物得其道也生者道一作進也雷風行而四方齊也齊者整肅與巽爲飛伏辛酉金庚辰土三公治世應於上六宗廟宗廟爻建巳卯至甲申春分立秋金木起度數積筭起甲申至癸未周而復始金木入宮五星從位起太白太白金星入卦用事房宿從位降辛酉房宿入卦立秋用上下二象見木分陰陽於内外内巽陰外震陽氣候分數三十八金木入卦分節候九三至於陽屯之位不順所履無定其位

恒者常也而九三以陽居位立于陰陽交互之上是知不久爲所然易云不恒其德或承之羞陰陽升降反於陰君道漸進臣下爭權運及於升次降入升卦

䷭巽下坤上升陽升陰而陰道凝盛未可便進漸之曰升升者進也卦雖陰而取象於陽故曰以陽用事內巽陰木陽也與坤爲飛伏癸丑土庚午火諸侯在世元士爲應侯建庚辰至乙酉清明秋分積筭起乙酉至甲申周而復始金水合木宮見象定吉凶五星從位起太陰太陰水星入卦取象心宿入位降癸丑心宿入卦配土位土下見木內外俱順動陰陽而長歲時

人事配吉凶發乎動占歲時人事吉凶之兆見乎動易繫云吉凶悔吝生乎動氣候配象數位三十六分陰爻數分陽爻數自下升高以至於極至極而反以修善道而成其體合抱之木始於毫末陰道革入陽爲坎水與風見井入井卦

䷯巽下坎上井陰陽通變不可革者井也井道以澄清不竭之象而成於井之德也易云井者德之基又云往來井井見功也改邑不改井德不可渝也井道以澄清見用爲功也井象德不可渝變也與坎爲飛伏戊戌土庚申金九五處至尊應用見本象建辛巳至丙戌小滿寒露積筭起丙戌至乙酉周

而復始火土入卦起筭數五星從位起歲星木星入卦東方用事尾宿從位降戊戌尾宿配戊戌入卦宫坎下見風險於前內外相資益於君井以德立君正民信德以其道也賢人有位君子不孤傳曰德不孤必有隣六爻各處其務反覆陰陽變化各得其道也氣候所象定數於二十八爻配陰陽分人事吉凶其見矣天地之數分於人事近取諸身遠取諸物吉凶之兆定於陰陽陰生陽消陽生陰滅二氣交互萬物生焉震至於井陰陽代位至極則反與巽為終退復於本故曰游魂為大過降入大過卦

䷛巽下兌上大過陰陽代謝至於游魂繫云精氣為物游

魂爲變是故知鬼神之情狀互體象乾以金土定吉凶去本末取二五爲過之功（大者相過）與坎爲飛伏（丁亥水戊申金）降諸侯立元首元士居應上建丙戌至辛卯（起元氣從丙戌至辛卯卯爲卦建建者則所生之位今立建起至辛卯取陰陽至位極處也寒露至秋分）積算起辛卯至庚寅周而復始（土木入卦用事）五星從位起熒惑（熒惑火星入卦）箕宿從位降丁亥（箕宿配丁亥水合卦宮也）陰陽相盪至極則反反本及末於游魂分氣候三十六（六爻極陰陽之數三十六五行分配定吉凶於積算）陽入陰陰陽交互反歸於本曰歸魂

降隨卦（入澤雷隨卦）

䷐震下兌上隨震象復本曰隨內見震也內象見震曰本從震起至隨爲歸魂純木用事與巽爲飛伏庚辰土辛酉金世立三公應宗廟建乙酉至庚寅秋分立春積筭起庚寅至己丑土木入卦氣筭周而復始吉凶定於筭數爲準五星從位起鎮星鎮星土入卦用事計都從位降庚辰計都配庚辰土入卦分吉凶氣候分數二十八定數於六位六位雖殊吉凶象震進退隨時各處其位無差易云晷刻內外二象悅而動隨附於物係失在於六爻係丈夫失小子又云係小子失丈夫此之謂也吉凶定於起筭之端進退見乎隨時之義金木交刑水火相敵休廢於時吉凶生

焉震以一君二民動得其宜震一陽二陰陽君陰民得其正也本於乾而生乎震故曰長男陰陽升降爲八卦至隨爲定體資於始而成乎終坎降中男而曰坎互陽爻居中爲坎卦

☵坎下坎上 坎積陰以陽處中柔順不能履重剛之險故以剋克柔而履險而曰陽是以坎爲屬中男分北方之卦也與離爲飛伏戊子水己巳火世立宗廟居於陰位比近九五金於坎道遠於禍害三公居應亦爲陰晴成坎之德在於九五九二也內外居坎陽處中而爲坎主純陰得陽爲明臣得君

而安其居也君得一作臣而顯其道也建起戊寅至癸未大暑大雪積筭起癸未至壬午周而復始金水入卦本同宮氣候起筭特日歲月吉凶五星從位起太白太白金星入水宮牛宿從位降戊子二十八宿從位八卦周而復始歲數運數三十六配六位分陰陽三百五十六餘日四分之一分五行配運氣吉凶見矣內外俱坎是重剛之位易曰坎陷也坎水能深陷于物處坎之險不可不習故曰習坎便習之習後可得履于險而不陷沒者不以剛履柔不能成坎之道也震以陽居初能震動於物能爲動主乾生震一陽居於初震爲長男坎以陽居中爲重剛之主故以坎爲險陽變陰成於險道今以陰變陽止於爲節次入于節卦

䷻兌下坎上節水居澤上澤能積水陽止於陰故爲節節者止也陽盪陰而積實居中悅內而險於前陰陽進退金水交運與兌爲飛伏（丁巳火戊寅木）元士立元首見應諸侯（金火受其氣納到內）建起甲申至巳丑（爲本身節氣立秋大寒）積筭起巳丑至戊子周而復始（金水坎火運入卦雜定吉凶）五星從位起太陰（太陰屬水入卦用事）女宿從位降丁巳（配象入積筭）金上見水本位相資二氣交爭失節則嗟易云不節若則嗟若分氣候二十八（積筭起數二十八）中男入兌少女分盪入陰中位見陽升降見長男次入水雷屯（是則節侖入陽盪九二爻）

體歸於陽
之入屯卦

☳震下
☵坎上 屯內外剛長陰陽升降動而險凡為物之始皆出先難後易今屯則陰陽交爭天地始分萬物萌兆在於動難故曰屯水在雷上如雲雷交作天地草昧經綸之始無出於此也故易曰屯如邅如乘馬班如泣血漣如屯難之際盤桓不進之貌難定乃通易云女子貞不字十年乃字字愛也時通則道亨合正匹也土木應象見吉凶與震為飛伏庚寅木戊辰土世上見大夫應至尊陰陽得位君臣相應可以定難於草昧之世建乙酉至庚寅秋分立春積筭起庚寅至己丑周而復始

土木配本宮起積筭五星從位起歲星木星入卦虛宿從位降庚寅
虛宿入六二庚寅位分氣候三十六定吉凶之數陽適陰入中女子
午相敵見吉凶動入離象見既濟

䷾離下坎上既濟二氣無衝陰陽敵體世應分君臣剛柔
得位曰既濟離坎分子午水上火下性相交敵不間隔是曰既濟也與離爲飛
伏巳亥水戊午火世上見三公應上見宗廟內外陰陽相應
坎離相約上下交坎水潤下離火炎上二氣相交爲既濟五行相配吉
凶麗乎爻象吉凶之兆見乎爻象建丙戌至辛卯寒露春分卦氣分
節氣始丙戌受氣至辛卯成正象考六位分剛柔定

吉凶積筭起辛卯至庚寅周而復始 土木見運入卦 五星從位起熒惑 熒惑火星入卦 危宿從位降巳亥 危宿入巳亥 分氣候二十八 定六爻之類考吉凶之兆 坎入兌爲積陰二象分俱陰上下反覆卦變革 坎入革六四盪之入陽變體爲陰也

䷰ 離下兌上 革二陰雖交志不相合體積陰柔爻象剛健可以革變兌上離下 中虛 務上下積陰變改之兆成物之體故曰革易云君子豹變小人革面與兌爲飛伏 丁亥水戊申金 諸侯當世見元士九五六二爲㢑正位天地革變人事隨而更也 更者變也 建始丁亥至壬辰 小雪清明 水

土配位土水入卦積筭起壬辰至辛卯周而復始五星從位起鎮星土星入卦室宿從位降丁亥二十八宿室宿入卦華丁亥土分氣候三十六其數起元首分陰陽之象數吉凶生矣上金下火金積水而爲器罷能盛納於物火變生而爲熱生熱稟氣於陰陽華之於物物亦化焉五行類五色五色類萬物稟和氣氣節順剛即逆逆即反反即敗易云已日乃孚孚猶信也陰陽更始動以見吉凶震主動也動以柔當位剛會之光大華變於豐外卦兌入震爲豐卦

䷶離下震上豐雷火交動剛柔散氣積則暗動乃明易云豐其屋蔀其家闚其戸閴其無人三歲不覿乃凶上六

積暗而動凶之於上反下見陰之兆火木分象配於積陰與震爲飛伏庚申金戊戌土陰處至尊爲世大夫見應君臣相暗世則可知臣強君弱爲亂世之始建生戊子至癸巳大雪小滿雷與火震動曰豐宜日中夏至積陰生豐當正應吉凶見矣日中也積筭起癸巳至壬辰周而復始火土起筭五星從位起太白太白金星入卦壁宿從位降庚申壁宿入坎至豐庚申入土分氣候二十八積筭定六位起數二十八上木下火氣稟純陽陰生於內陽氣雜正性潰亂極乃反爲游魂入積陰震入坤也陰陽升降反歸於本變體於有無吉凶之兆或見

於有或見於無陰陽之體不可執一爲定象於八卦陽盪陰陰盪陽二氣相感而成體或隱或顯故係云一陰一陽之謂道一者道也外卦震降陰入明夷次入明之於人

明夷卦

䷣離下坤上明夷積陰盪陽六位相傷外順而隔於明處暗不分一作明傷於正道日明夷夷者傷也五行升降八卦相盪變陽入純陰春夏之秋冬也陰道危陽道安故與震爲飛伏癸丑土庚午火傷於明而動乃見志震動也退位入六四諸侯在世元士爲應君暗臣明不可止箕子與紂也建起

六四癸巳至戊戌（游魂及六四爻數起小滿至寒露）積筭起戊戌至丁酉周而復始（土金入卦起筭數）五星從位起太陰（太陰水星入卦）奎宿從位降癸丑（奎宿入明夷配六四癸丑上上）分氣候三十六（三十六數入卦起筭推吉凶）地有火明於內暗於外當世出處爲衆所疑之所及傷於明易曰三日不食主人有言陰陽進退金水見火氣不相合六位相盪四時運動靜乃復本故曰游魂（本以宮入卦相盪六位推遷也）次降歸魂入師卦

䷆坎下坤上　師變離入陰陽於正道復本歸坎陽在其中矣（內卦坎爲本宮）處下卦之中爲陰之主利於行師易云師

者衆也衆陰而宗於一一陽得其貞正也與離爲飛伏離入坎也陰陽相薄剛柔遷位戊午火巳亥水世主三公應爲宗廟建始壬辰至丁酉清明秋分積筭起丁酉至丙申周而復始金火入卦起筭五星從位起歲星歲星木入卦婁宿從位降戊午婁宿入坎卦歸魂六三爻分氣候二十八起筭入卦吉凶地下有水復本位六五居陰處陽位九二貞正能爲衆之主不潰於衆易云師貞丈人吉入卦始於坎陰陽相盪反至於極則歸本坎中男陽居九二稱中男升降得失吉凶悔吝策於六爻六爻之設出於蓍蓍之得象而卦生

積筭起於五行五行正則吉極則凶吉凶之象顯於天地人事日月歲時坎之變於艮艮爲少男少男處卦之末爲極也震一陽居初爻坎二陽處中艮三陽處卦之末故曰陽極爲少男又云止也次入艮卦

☶艮下艮上 艮乾分三陽爲長中少至艮爲少男本體屬陽陽極則止反生陰象易云艮止也於人爲手爲背取象爲山爲石爲門爲狗上艮下艮二象土木分氣候與兌爲飛伏丙寅木丁未爲少男取少女相配世上見宗廟三公爲應陰陽遷次長幼分形乾三生男將至艮極少長分形長中分之謂建也

庚寅至乙未（立春大暑）陰長陽極升降六位進退順時消息盈虛積筭起庚寅至巳丑周而復始（木土入卦）五星從位起熒惑（熒惑火星入卦）胃宿從位降丙寅（胃宿入卦分位）分數位三十六（配位六卦分吉凶）金木相敵升降以時艮止於物指於物易云時止則止時行則行剛極陽反陰長積氣止於九三初六變陽取其虛中文明在內成於賁次降入賁卦

☶☲（離下艮上）賁泰取象上六柔來反剛九二剛上文柔成賁之體止於文明賁者飾也五色不成謂之賁文彩

雜也山下有火取象文明火土分象與離爲飛伏己卯木丙辰土世立元士六四諸侯在應陰柔居尊文柔當世素尚居高侯王無累易云賁于丘園束帛戔戔建始辛卯至丙申春分立秋積筭起丙申至乙未周而復始金土入卦起筭五星從位起鎮星鎮星入卦昴宿從位降己卯昴宿配貴卦初九陽位起筭分氣候二十八起六位五行筭吉凶土火木分陰陽相應爲敵體上九積陽素尚全身遠害貴其正道起於潛至於用九假乾初上爲喻也陰陽升降通變隨時離入乾將之大畜次降六二中虛爲三連入太畜卦陰消陽長

☶☰乾下艮上大畜陽長陰消積氣凝盛外止內健二陰猶盛成于畜義易云既處畜消時行陽未可進取於下卦全其健道君子以時順其吉凶與乾爲飛伏甲寅木丙午火建始壬辰至丁酉清明秋分積筭起丁酉至丙申周而復始金土入卦分吉凶起筭五星從位起太白太白金星入卦推吉凶畢宿從位降甲寅畢宿入大畜九二甲寅上九二大夫應世應六五爲至尊陰陽相應以柔居尊爲畜之主分氣候二十八極陰陽之數定吉凶之兆山下有乾金土相資陽進陰止積雨潤下畜道光也乾象內進君道

行也吉凶升降陰陽得位二氣相應陽上薄陰陰道凝結上於陽長爲雨反下九居高位極於畜道反陽爲陰入于兌象六三應上九上有陽九反應六三成于損道次降損卦（乾入兌九三之變六二）

䷨（兌下艮上）損澤在山下卑險於山山高處上損澤益山成高之義在於六三在臣之道奉君立誠易云損下益上（乾九三變六三陰柔益上九臣奉君之義）與兌爲飛伏（丁丑土丙申金）三公居世宗廟（六三上九）建始癸巳至戊戌（小滿寒露）積筭起戊戌至丁酉周而復始（土火入官起積筭）五星從位起太陰（太陰水星）

入卦用事觜宿從位降丁丑二十八宿配觜宿入損卦土星入卦配吉凶陰陽相盪位不居土金入損卦起筭陰陽相生六位變動不居也六爻有吉凶四時變更不可執一以爲規六爻吉凶隨時更變或春或夏或秋或冬歲時運動分氣候二十八二十八起數筭吉凶入卦陰陽升降次艮入離見睽之象損益六爻剛長陰次入

火澤睽卦

☲☱兌下離上睽火澤二象氣運一作轉非合陰消陽長取象何比惟陽是從陰陽動靜剛柔分焉先睽後合其消通也文明上照幽暗分矣兌處下爲積陰暗之象也離在上爲明照于下易

云見豕負塗載鬼一車先張之弧後說之弧遇雨則吉羣疑亡也（先疑暗也後說明也）與離爲飛伏（巳酉金丙戌土）諸侯立九四爲世初元世爲應建始甲午至巳亥（芒種小雪）積筭起巳亥至戊戌（水土入卦）五星從位起歲星（歲木星入卦）參宿從位降巳酉（二十八宿配參宿入卦巳酉土）分氣候三十六（起數積筭）金火二運合土宮配吉凶於歲時六五陰柔處文明九二四得立權臣陰陽相盪六位逆遷變離入乾健於外象坎入履（陰陽推遷變化六爻吉凶之兆著于要之爻如臣事君近多憂也）次降入天澤履卦

䷉兌下乾上 天下有澤曰履履者禮也得位吉失位凶當履之時素尚吉易云視履考祥其旋元吉與乾爲飛伏壬申金丙子水六丙屬八卦艮六丙也九五得位爲世身九二大夫合應象建始乙未至庚子大暑大雪積筭起庚子至乙亥金水入卦配六位筭吉凶五星從位起熒惑熒惑火星入卦井宿從位降壬申二十八宿入卦井宿入壬申分氣候金火入卦起於極數二十八二十八數起丙辰推吉凶陽多陰少宗少爲貴得其所履則貴失其所履則賤易云眇能視跛能履此履非其位六三也吉凶取此文爲準六位推遷積欠起筭數休王相破資益可

定吉凶也升降反位歸復止於六四入陰爲游魂中孚卦次入中孚卦

☴☱ 兌下巽上 中孚陰陽變動六位周匝反及游魂之卦金木合上運入卦象互體見艮止於信義中孚信也與乾爲飛伏辛未土壬午火艮道革變升降各稟正性六四諸侯立世應初九元士九五履信九二反應氣候相合內外相敵陰勝陽陽勝陰剛柔相薄六爻反應柔順相合吉凶見矣建始庚子至乙巳大雪小滿積筭起乙巳至甲辰周而復始火土入卦起積筭五星從位起鎮星鎮星土星鬼宿從位降辛未二十八宿配鬼宿入卦推吉凶分氣候三

十六配卦筭吉凶之位風與澤二氣相合巽而說信及於物物亦一作必順焉易云信及豚魚豚魚幽微之物信尚及之何况於人乎兌入艮六三入陽內二陽歸陰陰陽交互復本曰歸魂次降歸魂風山漸卦內見艮

䷴艮下巽上漸陰陽升降復本曰歸魂之象巽下見艮陰長陽消柔道將進艮變八卦終於漸漸終降純陰入坤分長女三陰之兆也柔道行也與兌爲飛伏丙申金丁丑土九三三公居世宗廟爲應建始巳亥至甲辰小雪清明積筭起甲辰至癸卯周而復始上木見運入卦筭吉凶五星從位起太白太白西方之卦定吉凶柳宿從位

降丙申二十八宿柳宿入卦定吉凶分氣候二十八定數配吉凶入卦起筭上木下土風入艮象漸退之象也互體見離主中文明九五傳位得進道明也九五處互體卦之上進文明也六二陰柔得位應至尊易云鴻漸于磐飲食衎衎賢人進位也陰陽升降八卦將盡六十八爻陰陽相雜順道進退次于時也少男之位分於八卦終極陽道也陽極則陰生柔道進也降入坤宮八卦陽卦三十二宮爲陽乾震坎艮也

京氏易傳卷上

虎林郭志學爲

京氏易傳卷中

漢　東郡京房著

吳　吳郡陸績註

明　新安程榮校

䷁坤下坤上坤純陰用事象配地屬土柔道光也陰凝感與乾相納臣奉君也易云黃裳元吉六二內卦陰處中臣道正也與乾為飛伏癸酉金壬戌土宗廟居世三公為應未免龍戰之災無成有終陰成陽君臣不敢為物之始陽唱陰和君命臣終其事也初六起履霜至於堅冰陰雖柔順氣亦堅剛為

無邪氣也建始甲午至巳亥芒種小滿積筭起巳亥至戌戌周而復始純上用事入積筭定吉凶五星從位起太陰太陰水星入卦西南方之卦鎮星入卦配坤西南星宿從位降癸酉金二十八宿八卦星宿降坤上六癸酉金分氣候三十六起積爲數三十六陰中有陽氣積萬象故曰陰中陰陰陽二氣天地相接人事吉凶見乎其象六位適變八卦分焉六位變動八卦顯著陰雖虛納于陽位稱實六五六三之類也升降反復不能久處千變萬化故稱乎易易者變也陰極則陽來陰消則陽長衰則退盛則戰易云上六龍戰于野其血玄黃陽屬乾配

西北積陰之地陰盛故戰乾坤併處天地之氣雜稱玄黃也陽盡陰坤內卦初六適變入陽曰震陰盛陽微漸來之義故稱復次降陽入地雷復卦

☷☳震下坤上復陰極則反陽道行一作正也易云君子道長小人道消又曰七日來復七日陽之稱也七九稱陽之數也謂坤上六陰極陽戰之地陰雖不能勝陽然正當盛陽不可輕犯六陽涉六陰反下七爻在初故稱七日日亦陽也六爻反復之稱註在前易云初九不遠復无祗悔反至初九陽來陰復去違也六爻盛卦之體總稱也月一陽爲一卦之主與震爲飛伏庚子水乙未土初九元士之世六四諸侯見應

建始乙未至庚子大暑大雪見候起坤六月至十一月戊子爲正朔見復之兆積筭起庚子至巳亥積筭起庚子至巳亥十月至十一月年亦然周而復始土水見候五星從位起歲星歲星木星入復卦合水土配吉凶張宿從位降庚子二十八宿分張宿入復卦庚子水上分氣候二十八積筭起數二十八定吉凶六爻坤上震下動而順是陽來盪陰陰柔反去剛陽復位君子進小人退易云休復元吉陽升陰降變六二入兌象次併臨二陽將進內爲悅陰去陽來氣漸隆陰不敢拒陽奉命而已火之入地澤臨卦

䷒兌下坤上臨陽長陰消悅而順金土應候剛柔分震入

兑二陽剛本體陰柔降入臨臨者天也陽爻健順陽交退散易曰君子之道易云至于八月凶建丑至未也陽長六爻反復吉凶之道可見矣至于八月入遯與兑為飛伏丁卯木乙巳火九二大夫立世六五至尊應上位建始丙申至辛丑立秋大寒七月積氣至六月吉凶隨爻考汗隆旺則隆衰則汗積筭起辛丑至庚子積筭起金上入卦推休咎于六爻五星從位起熒惑熒惑火星入卦用事翼宿從位在丁卯二十八宿翼宿入卦九二爻木上分氣候三十六定陰陽之數起于三十六積筭坤下見兑悅澤臨陽升陰降入三陽乾象入坤即泰卦臨卦內象先陽長逼陰成

乾爲泰象外坤積陰內兌亦爲陰二陽合體柔順之道不可貞吉凶以時配於六位用於陽長之爻成臨之義六三將變陽爻至次降入泰卦次入地天泰卦

䷊乾下坤上泰乾坤二象合爲一運天入地交泰萬物生焉小往大來陽長陰危金土二氣交合易云泰者通也通於天地長於品彙陽氣內進陰氣升降升降之道成於泰象與乾爲飛伏甲辰土乙卯木三公立九三爲世上六宗廟爲應候建始丁酉至壬寅秋分立春積筭起壬寅至辛丑周而復始金土位上起積筭吉凶五星從位起鎭星

土星入卦軫宿從位降甲辰分氣候二十八積筭起二十八數於甲辰位地下有天陽道浸長不可極極則否成三陽務上坤順而往往而不已否道至存泰之義在於六五陰居陽位能順於陽陰陽相納二氣相感終於泰道外卦純陰陽來剛柔成于震象降陽升居乾上成大壯次降陰升陽入雷天大壯卦

䷡乾下震上大壯內外二象動而健陽勝陰而爲壯內陽升降二象俱陽日大壯易曰羝羊觸藩羸其角進退難也壯不可極極則敗物不可極極則反故曰君子用罔小人用壯與震爲飛伏庚午火癸丑土九四諸侯之世初九元士在

應建始戊戌至癸卯（寒露至春分）積算起癸卯至壬寅（土木入卦起積算）五星從位起太白（太白金星入卦）角宿從位降庚午（二十八宿入卦配角宿入大壯庚午九四爻上）分氣候三十六（積算起數庚午火定吉凶）雷在天上健而動陽升陰降陽來盪陰吉凶隨爻著于四時九四庚午火之位入坤爲卦之本起于子滅于寅陰陽進退六位不居周流六虛外象震入兌爲陰悅適爻爲剛長次降入夬陽決陰之象入澤天夬卦

䷪ 乾下兌上 夬剛決柔陰道滅五陽務下一陰危上將反

游魂九四悔也澤上於天君道行也夬五世六位周而復始爲游魂至九四成陰入坎爲需與兌爲飛伏丁酉金癸亥水九五立世九二大夫爲應九五在兌象爲世澤小於天也建始己亥至甲辰小雪清明積筭起甲辰至癸卯周而復始金木分乾兌入坤象入坤宮起積筭五星從位起太陰太陰水位入卦起筭亢宿從位降丁酉二十八宿配亢宿入夬卦丁酉金上起分氣候二十八積筭起宮二十八入卦甲辰還丁酉金上定吉凶易云澤上於天夬揚于王庭柔道消消不可極反於游魂九四柔來文剛陰道存也陰之道不可終否剛柔相濟日月明矣天地定位人事通也凢卦陰極

陽生陽極陰生生生之義不絶之貌日月循環天地交泰陰陽相盪六位交分萬物生焉故曰雷動風行山澤通氣人之運動體斯合矣人禀五常三焦九竅風火遞相兼濟以一位虧四體羸焉陰陽升降反復道也次降入游魂水

天需卦

䷄乾下坎上需雲上於天凝於陰而待於陽故曰需需者待也三陽務上而隔於六四路之險也外卦坎水爲險亦陰稱血也坤之反覆適陽入陰夬卦九四入需卦成六四陽之位也陰陽交會運動陰雨積而凝滯於陽通乃合也羣陽務上一陰報之故凝滯雨乃合與兌爲飛伏戊申金丁亥水游魂立世諸侯應初九元士

建始甲辰至巳酉清明秋分積筭起巳酉至戊申周而復始金土入乾坎積筭起宮定吉凶五星從位起歲星歲星木星入卦氐宿從位降戊申二十八宿降氐宿入坤宮游魂卦六四戊申金土起積筭吉凶分氣候三十六定吉凶總三十六位起筭乾外見坎健而進臨在前也需與飲食爭於坎也陰陽相激勝負有倚反爲不速敬終有慶陰陽漸消陽道行反復其位不安於陰坎降入歸魂水地比卦坤之歸魂也

䷇坤下坎上比反本復位陰陽相定六爻交互一氣在也水在地上九五居尊萬民服也比卦一陽五陰少者爲貴衆之所尊者也

比親於物物亦附焉原筮於宗歸之於衆諸侯列士君上崇之奉于宗祧盟契無差邦必昌矣與乾爲飛伏乙卯木甲辰土歸魂六之三公居世應上六宗廟建始癸卯至戊申春分立秋積筭起熒惑火星入卦房宿從位降乙卯二十八宿配房宿入坤歸魂乙卯木位上分氣候二十八積筭起二十八數陰道將復以陽爲主一陽居尊群陰宗之六爻交分吉凶定矣地道之義妻道同也臣之附君比道成也歸魂復本陰陽相成萬物生也故曰坤生三女巽離兌分長中下巽長女離中女兌少女以陽求陰乾之巽爲長女

䷸ 巽下巽上 巽陽中積陰而巽順本乾象陰來盪成巽巽者順也風從穴入於物號令齊順天地明也內外稟於一陰順於天地道也聲聞於外遠彰柔順陰陽升降柔於剛也本於堅剛陰來又柔東南向明齊肅陰陽與震為飛伏辛卯木庚戌土宗廟居世三公在應上九九三建始辛丑至丙午大寒芒種積筭起丙午至乙巳周而復始火木與二十八宿分虛宿入巽上九辛卯木上分氣候其數三十六分三十六數入卦起筭陰氣起陽陽順於陰陰陽和柔升降得位剛柔分也陰不可盈晷刻傾也初六適變陽來陰退健道行也三陽務進

外陰陽也適變於内外未從也次降陰爻於陽九爲

小畜卦 初六變初九也

☴☰ 乾下巽上 小畜易云密雲不雨自我西郊小畜之義在於六四三陽連進於一危也外巽體陰畜道行也巽之初六陰盪陽氣感積陰不能固退復本位三連同徃而不可見成於畜義外象明矣一陰劣不能固陽是以徃也外巽積陰能固陽道成在上九一爻之法也易云既雨既處也與乾爲飛伏甲子水辛丑土初九元士居世六四諸侯在應建始壬寅至丁未立春大暑積筭起丁未至丙午周而復始木土入乾巽

入宮起算法五星從位起太白金星入卦起算吉凶尾宿從位降甲子二十八宿入卦分尾宿以小畜甲子水上起算分氣候其數二十八分二十八數起宮推算一陰居六四建子入陽宮推其休咎處吉凶剛健立陽爻陰凝在巽體易云輿說輹夫妻反目不義之兆夏至起純陰陽爻位伏藏冬至陽爻動陰氣凝地陰陽升降以柔爲剛見中虛文明積氣居內象九二適變入離次降入風火家人卦

䷤離下巽上家人乾剛俱變文明內外相應九五應六二爻陰陽得位居中履正火上見風家人之象閑邪存誠嗃嗃

得中互體見文明家道明也內平遇坎險象家人難也酌中之義在於六二與離爲飛伏己丑土辛亥水建始癸卯至戊申春分立秋積筭起戊申至丁未金土入離巽金土入卦同積筭大夫居世應九五立君位五星從位起太陰太陰北方入卦起宮推筭箕宿從位降己丑二十八宿分箕宿入家人卦在己丑土上分氣候其數三十六三十六起數家人卦推入積筭休咎火木分形陰陽得位內外相資二氣相合君君臣臣父父子子兄兄弟弟易曰家人嗃嗃父子嘻嘻治家之道分於此也吉凶之義配五行進退六五進退吉凶於陰陽陰陽得起在於四時運動吉

凶見矣分內外矣二象配天地星辰合命定吉凶文明運動變化之象九三適陰入震風爲雷合曰益次降風雷益卦

☴☳ 震下巽上 益天地不交曰否六二陰上柔剛九四下降積陰故爲益易曰損上益下雷動風行男下女上震男巽女陽益陰君益於民之仰也互見坤坤道柔順又外見艮艮止陽益陰止於陽柔道行也內外順動風雷益四象分明剛柔定矣與震爲飛伏庚辰土辛酉金六三三公居世上九宗廟爲應建始甲辰至巳酉清明秋分積筭起巳酉至戌申周而復始土金入震巽起積配風雷益卦起宮五星從位起歲星

木星入卦計宿從位降庚辰二十八宿分計宿入風雷益六二庚辰上上分氣候二十八起二十八數積筭吉凶周而復始陰陽二木合金土配象四時運轉六位交分休廢旺生吉凶見乎動爻配日月星辰進退運氣升降復當何位金水木火土適變於外陰入陽爻二象健而動屬於天地也天陽震雷亦陽也二氣相激動而健天行也陰陽相盪次降入天雷无妄卦

䷘震下乾上无妄乾剛震動二氣運轉天下見雷行正之道剛正陽長物无妄矣內互見艮止於純陽外互見巽順於陽道天行健而動剛正於物物則順也金木

配象吉凶明矣金木配乾震入卦與乾爲飛伏壬午火辛未土九四諸侯在世初九元士立應上建始乙巳至庚戌小滿寒露積筭起庚戌至巳酉周而復始火土入乾震火土分入乾震无妄卦起積筭五星從位起熒惑火星入卦定吉凶牛宿從位降壬午二十八宿分牛宿入无妄壬午火位上分氣候三十六三十六數起卦積筭上金下木二象相衝陰陽升降健而動內見一陽應動剛五行分配吉凶半矣二氣各爭九五適變入文柔陰盪陽文歸復位剛柔履次明在外進退吉凶見中虛次降入火雷噬嗑卦

䷔震下離上噬嗑柔乘文剛積氣居中陰道明白動見文明雷電合分威光而噬嗑也易曰頤中有物曰噬嗑陰陽分中動而明象雷電也物有不齊齧而噬吉凶之道象於五行順則吉逆則凶火木合卦配升降與離爲飛伏巳未火辛巳土六五居尊應六二大夫建始丙午至辛亥芒種小雪積筭起辛亥至庚戌周而復始火土入離震分火土二位入噬嗑卦起積筭爻推配星辰歲月日時進退吉凶五星從位起鎮星土星入卦女宿從位降巳未土二十八宿分女宿入卦六五巳未土也分氣候二十八從二十八位數起八卦筭吉凶火居水上陽中見陰陽雜

氣渾而溷吉凶適變隨時見也返復陰游魂入卦降下

九四陽入陰五行進退始終之道斯可驗矣升降六爻極返終下降山雷頤卦

☶☳震下艮上頤六位上下周而復始內外交互降入純陰見坤象居中地之氣萃在其中上下陽位包陰積純和之氣見浩然之道明矣土木配象吉凶從六虛六虛即六爻也與震爲飛伏丙戌土己酉金六四諸侯在世元士之初九見應建始辛亥至丙辰小雪清明積筭起丙辰至乙卯周而復始土木入艮震分土木二象入卦筭吉凶五星從位起太白金星西方入八月卦

上衡虛宿從位降丙戌土二十八宿分虛宿入顧六四丙戌土上分氣候三十六起數二十八推六爻吉凶之位山下有雷止而動陰陽通變分氣候內外剛而積中柔升降游魂下居六四位特分復歸於本游魂返居六四入卦周始爻位遷次明矣吉凶起於六四次環六位星宿躔次也極則反本降入歸魂山風蠱卦

䷑巽下艮上蠱適六爻陰陽上下本道存也氣運周而復始山下見風止而順內互悅而動易云蠱者事也先甲後甲事分而令行金土合木象復本曰歸魂與震為飛伏辛酉金庚辰土九三歸魂立三公在世應上九見宗

廟建始庚戌至乙卯寒露春分積算起乙卯至庚寅周而復始土木入艮巽土木分艮巽宮五星從位起太陰太陰水星入卦用危宿從位降辛酉金二十八宿危宿入巽歸魂山風蠱九三辛酉金位上分氣候二十八起積算數二十八卦宮定吉凶木上見土風落山貞幹於父事陰陽復位長幼分焉八卦循環始於巽歸魂內象見還元六爻進退吉凶在於四時積算起宮從乎建始卦用及身也升陰陽巽宮適變入離文柔分矣陰入陽退見中虛次水中女八卦相盪陰陽定位遷入

離宮八卦純火以日用事

☲ 離下離上 離本於純陽陰氣貫中禀於剛健見乎文明故易曰君子以繼明照于四方離卦中虛始于乾象純則健不能柔明故以比方陰氣貫中柔剛而文明也陽爲陰主陽伏於陰也成卦義在六五是以體離爲日爲火始於陽象而假以陰氣純用剛健不能明照故以陰氣入陽柔於剛健而能順柔中虛見火象也是以離取中虛氣炎方能照物日昌火本陽象也純以陰又不能乾於物純以陽又暴於物故取陰柔於中女能成於物也與坎爲飛伏巳巳火戊子土宗廟爲世應上見三公上九九三建始戊申至癸丑立秋至大寒積筭起癸丑至壬子火取胎月至本月周而復始土水二象入離火

位（土水二位入卦起筭）五星從位起歲星（木星入火宮卦）室宿從位降巳巳火（二十八宿分室宿入離宮上九巳火上也）分氣候三十六（積筭起數三十六爻位定吉凶）內外二象配於火土為祥（土木入離為祥）互見悅順著於明兩（兌巽二象）陰陽升降入初九適變從陰止於艮象（內卦變也）吉凶從位起至六五休廢在何爻（看當何位金水木火土與本宮刑宮）次降入火山旅卦（初九爻變之）

☶☲（艮下離上）旅陰中見陽盪入陽中陰陽二氣交互見本象火居山上為旅之義（離為陰初九為陽艮為陽初六為陰二氣交互上下見木也火在上無止象旅之義）易曰旅人先笑後號咷又曰得其資斧

仲尼爲旅人固可知矣旅卦爲取象火在山上顯露無止五行入卦消息去此還也與艮爲飛伏丙辰土己卯木其居初六元士九四諸侯見應建始己酉至甲寅秋分立春積筭起甲寅至癸丑周而復始金入木土離艮金木土入卦起積筭五星從位起熒惑火星入卦見本象壁宿從位降丙辰二十八宿壁宿入旅卦分初六丙辰土位上起筭氣候三十六分三十六數起卦推筭火土同宮二氣合應陰陽相對吉凶分乎陰位上九陽居宗廟得喪于易六五爲卦之主不係于一凶其宜也內象適變盡陰入陽巽順於物進退意器外象明應內爲鬥次降火從風

入鼎初九之初六六二之九

鼎二巽爲風二象火曰鼎

☲☴巽下離上鼎木能巽火故鼎之象亨飪見新供祭明矣

易曰鼎取新木見火中發火木相資象鼎之兆下穴爲足中虛見納飪熟之義明矣凡飪熟享祀爲先故曰供祭明矣變生也陰陽得應居中履順三公之義繼於君也九三成鼎之德六五委任得賢臣假之位以斯明也陰穴見火順於上也中虛見納受辛於內也金玉之鉉在乎陽饗新亨飪在乎陰與巽爲飛伏辛亥水巳丑土九二立大夫爲世六五居尊見應建始庚戌至乙卯寒露春分積算起乙卯至甲寅周而復始分土木入離巽分土木二象入爲巽配鼎卦五星

從位起鎮星土星入火宮奎宿從位降辛亥水二十八宿分奎宿入未濟卦九二辛亥位上分氣候三十六起宮數三十六宮配卦筭吉凶火居木上二氣交合陰陽異順器具形存金玉堅剛配象陰陽升降六位遞相遷次九三適變以陽入陰見乎坎險未濟九三爻之義陰成坎卦外象坎外離二氣不交見未濟卦降入水火未濟卦

䷿坎下離上未濟陰陽二位各復本體六爻交互異於正象離炎上坎務下二象不合各殊陰陽交納是以異於本象也故取未濟名之世應得位陰陽殊塗九二六五性命不交吉凶列矣坎性離命與坎爲飛伏戊午火己亥水六三三公爲世應宗廟上九建始辛

亥至丙辰小雪清明積筭起丙辰至丁卯水土二象入離坎分水土入卦五星從位起太白金星入離宮卦分六爻婁宿從位降戊午火二十八宿分婁宿入未濟六二戊午火位土定吉凶入積筭分氣候二十八積筭二十八數至吉凶處水火二象坎離相納受性本異立位見隔睽于上下吉凶生也子午之位受刑見害氣不合也陰陽升降入於外卦適離爲艮上著於象艮上著離也天地盈虛與時消息其大也次降入山水蒙卦

䷃坎下艮上蒙積陽居陰止於坎陷養純正素居中得位易云山下出泉蒙二象標正天下通也擊暗釋疑陽

道行也內實外正暗得明陰附於陽稚道亨也故曰蒙養正與艮爲飛伏（丙戌土　乙酉金）諸位立世元士爲應（六四）（初六）建始壬子至丁巳（大雪　小滿）積筭起丁巳至丙辰周而復始火土入艮坎（火土二象入卦同筭）五星從位起太陰（水星北方）（入宮起筭）胃宿從位降丙戌土（二十八宿分胃宿入蒙卦六四丙戌土上）分氣候三十六（起數二十八從六位推筭）山下見水畜聚居中分流萬派六位不居吉凶適變水土分也（五行入卦筭吉凶逐四特行因廢王）（吉則王凶則廢）陰陽進退歲時物也六五陽中積陰入巽見陰中陽二氣相盪不可盈望次降入風水渙卦（六五變入）

九五陽中陰入陽中陽適變徃于他宮位不出本宮

☴☵（坎下巽上）渙水上見木渙然而合（渙者散也）内外健而順納實居中正互見動而上（虛舟行也）陰陽二象資而益也風行水上處險非溺也（木浮于水也）九五履正思順非偪也與巽爲飛伏（辛巳火巳未土）九五居尊大夫應（九二爻也）建始癸丑至戊午（大寒芒種）積筭起戊午至丁巳周而復始火土入坎巽（火土二象入坎巽配火宮渙卦起筭）五星從位起歲星（木星入火宮木象）昴宿從位降辛巳火（二十八宿分昴宿入渙九五辛巳火位上）分氣候其數二十八（起筭從二十八位上推六爻吉凶歲月日時爲候）内卦坎中滿

一陽居中積實于內風在外行虛聲外順吉凶之位攻乎四序盛衰之道在乎機要陰陽死于位生于時死于時生于位進退不可詰正盛則衰來正衰則盛來易曰積善之家必有餘慶積不善之家必有餘殃八卦始終六虛反復游魂生巽入乾爲天水訟卦

䷅ 坎下乾上 訟生生不絕之謂道六位不居返爲遊魂離宮八卦以訟爲反四五至四也天與水違曰訟天道西行水東流其路背也外象乾西北方之卦內坎水正北方之卦其流東也二氣不交曰訟五行所占六位定吉凶非所背順爲正金與水二氣相資父子之

謂健與險內外相激家國之義出象故以則斯可驗矣與巽爲飛伏（壬午火 辛未土）諸侯居世元士見應（九四 初六）建始戊午至癸亥（芒種 小雪）積筭起癸亥至壬戌周而復始火水入卦（火水二象入離宮配六位積筭推日月歲時）五星從位起熒惑（火星入火宮同起積筭）畢宿從位降壬午火（二十八宿分畢宿東方宿入離游魂）（天水訟卦九四壬午火土也）分氣候三十六（起宮從三十六位筭吉凶）天下見水陰陽相背二氣不交物何由生吉凶宗於上九進退見於九四二居中履正得其宜也陰陽升降復歸內象（陰去陽來復本位內見離同人）次降天火同人卦（次本陽上下二爻陰適變）

從離也

䷌ 離下乾上 同人二氣同進健而炎上乾務上坎務下同途異致性則合也易曰出門同人又誰咎也九二得位居中六三積陰待應易曰先號咷而後笑隔於陽位不能決勝先故曰號咷後獲合方喜也故曰後笑也八卦復位六爻遷次周而復始上下不停生生之義易道祖也天與火明而健陽道正陰氣和也六二居內卦中能奉於陽吉凶故象五行昭然金木水火土配六位相生與坎為飛伏己亥水戊午火歸魂立三公為世上九宗廟為應候建始丁巳至壬戌小滿寒露積算起壬戌至辛酉

周而復始火土入乾離火土二象入乾離配六宮起積筭五星從位

起鎮星土星入卦定其吉凶觜宿從位降巳亥水二十八宿分觜宿入離歸鬼配天火同人九三巳亥水土分氣候二十八起積筭二十八位數巡六爻有吉凶入何

位火上見金二氣雖同五行相悖六爻定位吉凶之兆在乎五二得時則順失時則逆陰陽升降歲月分焉爻象相盪內外適變八卦巡廻歸魂復本本靜則象生故適離爲兑入少女分八卦於兑象坎入兑宮八卦

☱☱兑下兑上

兑積陰爲澤純金用體畜水凝霜陰道同也

上六陰生與艮爲合兑下六陰凝艮上於陽健納兑爲妻二氣合土木入

兌水火應之二陰合體積于西郊秋王衡震入乾氣類陰也配象爲羊物類同也與艮爲飛伏丁未土丙寅木上六宗廟在世六三三公爲應建始乙卯至庚申春分立秋積筭起庚申至巳未周而復始金土入兌宮金土入兌宮起積筭五星從位起太白太白金星入卦參宿從位降丁未土二十八宿分參宿入兌上六丁未土上分氣候三十六起宮筭從三十六數起定吉凶內卦互體見離巽配火木入金宮分貴賤於強弱火強木弱吉凶隨爻筭歲月運氣逐休王陰陽升降變初九入初六陽入陰爲坎象正體見陽位剛柔分吉凶見也適

變内象入坎爲困卦兑内卦初九變入坎

☵坎下兑上困澤入坎險水不通困外稟内剛陰道長也陰陽不順吉凶生也易云困于石據于蒺蔾入于其宫不見其妻凶上下不應陰陽不交二氣不合困卦上下無應陰陽不交六三陰上六亦陰無匹入九五求陽陽亦無納也五行配六位生悔吝四時休王金木交爭萬物之情在乎幾微與坎爲飛伏戊寅木丁巳火初六元士爲世九四諸侯在應建始丙辰至辛酉清明秋分積筭起辛酉至庚申周而復始土金入坎兑分土金入坎兑配金宫起筭五星從位起太陰水宿入兑卦起筭

井宿從位起太陰降戊寅〔二十八宿分井宿入困卦初六戊寅木〕分氣候其數二十八〔二十八起宮入積筭定吉凶〕坎象互見離火入兌金水見運配吉凶陰陽升降坎入坤陰氣凝盛降入萃〔變通入萃卦〕

䷬〔坤下兌上〕萃金火分氣候土木入兌宮升降陰氣盛剛柔相應合九五定羣陰二氣悅而順〔萃卦丁酉金乙巳火二象刑而合也〕澤上於地積陰成萃易曰萃者聚吉凶生陽氣合而悅〔凡聚衆必慎防閑假陽爲主成萃之義伏戊必豫備衆聚去疑心〕與坤爲飛伏〔乙巳火丁卯木〕六二大夫居世九五至尊見應建始戊寅至

癸未（立春 大暑）積筭起癸未至壬午周而復始土木入坤兌（分土木入兌兌宮起筭）五星從位起熒惑（火星入金水宮推吉凶也）翼宿從位降乙巳（二十八宿分翼宿入萃六二位上）分氣候二十八（積筭起二十八數六爻見吉凶）澤下見坤二氣順木土入宮有愛惡（木惡土愛也）陰陽升降陽氣來止於坤象互見艮（艮爲陽）兌象納艮陰氣强（男下女）次降澤山咸卦

䷞（艮下兌上）咸山下有澤虚巳畜物陽中積陰感於物也陽下於陰男女之道内外相應感類於象也六二待聘九五見召二氣交感夫婦之道體斯合也易曰咸

感也利取女吉(艮少男兌少女男下於女取婦之象)與艮爲飛伏(丙申金丁丑土)九三三公居世上六宗廟爲應建始戊午至癸亥(芒種小雪)積算起癸亥至壬戌周而復始火土入艮兌(分火土象入艮兌也)五星從位起熒惑(火星南方入金宮)柳宿從位降丙申(二十八宿分柳宿入咸九三丙申金爻上)分氣候三十六(積算起數分三十六位起吉凶)土上見金母子氣合陰陽相應剛柔定位吉凶隨爻受氣出則吉刑則凶陰陽等降入外險止於內象爲山水蹇卦(九四爻之入陰中剛)

䷦(艮下坎上)蹇利於西南艮道通也水在山上蹇險難進

陰陽二氣否也陰待於陽柔道牽也險而逆止陽固陰長處能竭至誠於物爲合蹇道亨也易曰王臣蹇蹇匪躬之故六二與坎爲飛伏戊申金丁亥水六四諸侯居世初六元士在應建始巳未至甲子大暑大寒積筭起甲子至癸亥周而復始土水入坎艮水土二象入艮配金宮起筭五星從位起鎮星土星入金宮星宿從位降戊申二十八宿分星宿入蹇六四戊申金上分氣候其數三十六積筭起數三十六從六位五行土上見水柔而和此五行相推二氣合取象則陰陽相背也九五適變入坤宮宮比得朋陰氣合也外卦九五變入坤内見艮

故曰得朋也將入謙卦取象　坎降入地山謙

䷎艮下坤上　謙六位謙順四象無凶一陽居內卦之上爲謙之主易曰謙謙君子利涉大川陰陽不爭處位謙柔陰中見陽止順於謙有無之位上下皆通易曰撝謙無不順也與坤爲飛伏癸亥水丁酉金六位居世大夫在應建始庚申至乙丑立秋大寒積筭起乙丑至甲子周而復始金土入坤艮金土二象入兌宮起筭也五星從位起太白太白金星入兌宮卦張宿從位降癸亥二十八宿分張宿入謙六五癸亥水上分氣候二十八積筭起數二十八位坤在艮上順而止五行入位象

謙柔吉凶隨爻適變陰陽升降至六五位返入遊魂變歸六四盡六四一爻入陽也八卦相雜四象分也次降入雷山小過卦

䷽艮下震上小過六四適變血脈通也陽入陰陰入陽二氣降內外象上下返應二剛相適九三九四土木入卦分於二象內艮外震雷處高山亢之極也內柔無正性危及於外易曰飛鳥遺之音不宜上宜下與坤爲飛伏庚午火癸丑土反歸九四諸侯立世元士見應建始乙丑至庚午大寒芒種積筭起庚午至己巳周而復始土火入震艮

（外土火二象入兌宮）五星從位起太陰（水星入卦遊魂）翼宿從位降庚午（二十八宿分翼宿入兌宮游魂小過卦九四庚午火上）分氣候三十六（積算三十六數六位吉凶）木下見土二陽畜陰六位相刑吉位生也上升下陰陽反應各私其黨六爻適變陰道悖也升降進退其道同也之艮入兌陰納與陽也反復其位次降入歸魂雷澤歸妹卦

䷵（兌下震上）歸妹陰復於本悅動於外二氣不交故曰歸妹（歸者嫁也）互見離坎同於未濟適陽從陰剛從外至九四至剛上六三悅柔适無其應凶並羊涉卦之終長何

吉也與艮爲飛伏（丁丑土／丙申金）三公歸魂之世上六宗廟見應建始甲子至巳巳（大雪／小滿）積筭起巳巳至戊辰周而復始水土入震兑（分水土二象入兑宫）五星從位起歲星（木星東方入兑宫歸魂）軫宿從位降丁丑土（二十八宿分軫宿入兑歸魂六二丁丑土上分吉凶起筭）分氣候三十八（積筭起三十八數六位推五行數吉凶）雷居澤上剛氣亢盛陰陽不合進退危也（震長男兑少女少女匹長男氣非合也）吉凶在上六處於動極適變位定時不可易之道也五行考象非合斷義陰陽運動適當何爻或陰或陽或柔或剛升降六位非取一也（兑歸魂配六十四卦之終也）

京氏易傳卷中

京氏易傳卷下

漢　東郡京房著

吳　吳郡陸績註

明　新安程榮校

夫易者象也爻者效也聖人所以仰觀俯察象天地日月星辰草木萬物順之則和逆之則亂夫細不可窮深不可極故揲蓍布爻用之於下筮分六十四卦配三百六十四爻序一萬一千五百二十策定天地萬物之情狀故吉凶之氣順六爻上下次之八九六

七之數內外承乘之象故曰兼三才而兩之孔子曰陽三陰四位之正也三者東方之數東方日之所出又圓者徑一而開三也四者西方之數西方日之所入又方者徑一而取四也言日月終天之道故易卦六十四分上下象陰陽也奇耦之數取之於乾坤乾坤者陰陽之根本坎離者陰陽之性命分四營而成易十有八變而成卦卦象定吉凶明得失降五行分四象順則吉逆則凶故曰吉凶悔吝生乎動又曰明得失於四序言吉凶生乎動五行休廢內祀胎養合五行運機布度其氣

轉易主者亦當則天而行與時消息安而不忘亡將以順性命之理極蓍龜之源重三成六能事畢矣分天地乾坤之象益之以甲乙壬癸乾坤二分天地陰陽之本故分甲乙壬癸陰陽之始終震巽之象配庚辛庚陽入震辛陰入巽坎離之象配戊己戊陽入坎己陰入離艮兌之象配丙丁丙陽入艮丁陰入兌八卦分陰陽六位五行光明四通變易立節天地若不變易不能通氣五行迭終四時更廢變動不居周流六虛上下無常剛柔相易不可以爲典要惟變所適吉凶共列于位進退明乎機要易之變化六爻不可據以

隨時所占周禮太卜一曰連山二曰歸藏三曰周易
初爲陽二爲陰三爲陽四爲陰五爲陽六爲陰一三
五七九陽之數二四六八十陰之數陰主賤陽主貴陰從午
陽從子子午分行子左行午右行左右凶吉吉凶之
道子午分時立春正月節在寅坎卦初六立秋同用
雨水正月中在丑巽卦初六處暑同用驚蟄二月節
在子震卦初九白露同用春分二月中在亥兌卦九
四春秋分同用清明三月節在戌艮卦六四寒露同
用穀雨三月中在酉離卦九四霜降同用立夏四月

節在申坎卦六四立冬同用小滿四月中在未巽卦六四小雪同用芒種五月節在午乾宮九四大雪同用夏至五月中在巳兑宮初九冬至同用小暑六月節在辰艮宮初六小寒同用大暑六月中在卯離宮初九大寒同用孔子易云有四易一世二世爲地易三世四世爲人易五世六世爲天易游魂歸魂爲鬼易八卦鬼爲繫爻財爲制爻天地爲義爻（天地即父母也）福德爲寳爻（福德即子孫也）同氣爲專爻（兄弟爻也）龍德十一月在子在坎卦左行虎刑五月午在離卦右行甲乙庚辛

天官申酉地官丙丁壬癸天官亥子地官戊巳甲乙
天官寅卯地官壬癸戊巳天官辰戌地官靜爲悔發
爲貞貞爲本悔爲末初爻上二爻中三爻下三月之
數以成一月初爻三日二爻三日三爻三日名九日
餘有一日名曰閏餘初爻十日爲上旬二爻十日爲
中旬三爻十日爲下旬三旬三十積旬成月積月成
年八八六十四卦分六十四卦配三百八十四爻成
萬一千五百二十策定氣候二十四考五行於運命
人事天道日月星辰局於指掌吉凶見乎其位繫乎

吉凶悔吝生乎動寅中有生火亥中有生木巳中有生金亦云上生之位申中有生水丑中有死金戌中有死火未中有死木辰中有死水土兼於中建子陽生建午陰生二氣相衝吉凶明矣積筭隨卦起宮乾坤震巽坎離艮兌八卦相盪二氣陽入陰陰入陽二氣交互不停故曰生生之謂易天地之內無不通也乾起巳坤起亥震起午巽起辰坎起子離起丑艮起寅兌起

於六十四卦遇王則吉廢則凶衝則破刑則敗死則危生則榮效其義理其可通乎分三十爲中六

十爲上三十爲下總一百二十通陰陽之數也新新不停生生相續故淡泊不失其所確然示人陰陽運行一寒一暑五行互用一吉一凶以通神明之德以類萬物之情故易所以斷天下之理定之以人倫而明王道八卦建五氣立五常法象乾坤順於陰陽以正君臣父子之義故易曰元亨利貞夫作易所以垂教教之所被本被於有無且易者包備有無有吉則有凶有凶則有吉生吉凶之義始於五行終於八卦從無入有見災於星辰也從有入無見象於陰陽也

陰陽之義歲月分也歲月既分吉凶定矣故曰八卦成列象在其中矣六爻上下天地陰陽運轉有無之象配乎人事八卦仰觀俯察在乎人隱顯災祥在乎大考天時察人事在乎卦八卦之要始於乾坤通乎萬物故曰易窮則變變則通通則久久於其道其理得矣卜筮非襲於吉唯變所適窮理盡性于茲矣

晁氏公武曰漢藝文志易京氏凡三種八十九篇隋經籍志有京氏章句十卷又有占候十種七十三卷唐藝文志有京氏章句十卷而易占候存者五種二

十三卷今其章句亡矣乃畧見於僧一行及李鼎祚之書今傳者曰京氏積筭易傳三卷雜占條例法一卷或共題易傳四卷而名皆與古不同今所謂京氏易傳者或題曰京氏積筭易傳者疑隋唐志之錯卦是也雜占條例法者疑唐志之逆刺占災異是也錯卦在隋七卷唐八卷所謂積筭雜逆刺占災異十二卷是也至唐逆刺三卷而亡其八卷元祐八年高麗進書有京氏周易占十卷疑隋周易占十二卷是也是古易家有書而無傳者多矣京氏之書幸而與存

者纔十之一尚何離夫師說邪景迂嘗曰余自元豐
壬戌偶脫去舉子事業便有志學易而輙本好王氏
妄以謂弼之外當自有名象者果得京氏傳而文字
顛倒舛訛不可訓知迨其服習甚久漸有所窺今三
十有四年矣乃能以其象數辨正文字之舛謬於邊
郡山房寂寞之中而私識之曰是書兆乾坤之二象
以成八卦凡八變而六十有四於其往來升降之際
以觀消息盈虛於天地之元而酬酢乎萬物之表者
炳然在目也大抵辨三易運五行正四時謹二十四

氣志七十二候而位五星降二十八宿其進退以幾而爲一卦之主者謂之世奇耦相與據一以起二而爲主之相者謂之應世之所位而陰陽之肆者謂之飛陰陽肇乎所配乾與坤震與坎巽與離艮與兌而終不脫乎本以飛其位之卦乃伏其宮之位以隱顯佐神明者謂之伏起乎世而周乎內外參乎本數以紀月者謂之建終之始之極乎數而不可窮以紀日者謂之積會於中而以四爲用一卦備四卦者謂之互乾建甲子於下坤建甲午於上八卦之上乃生一世之初初一世之五位乃分而

爲五世之位其五世之上乃爲游魂之世五世之初乃爲歸魂之世而歸魂之初乃生後卦之初其建剛日則節氣乘日則中氣其數虛則二十有八盈則三十有六蓋其可言者如此若夫象遺乎意意遺乎言則錯綜其用唯變所適或兩相配而論内外二象若世與内（革水火配位離火四世水）若世與外（用金木交爭外先金初世木）或不論内外之象而論其内外之位（萃土水入艮兑初土四水）或三相參而論内外與飛（賁土火木分陰陽艮土離火飛水）若伏（旅火土木入離艮離）火艮土休伏木或相參而論内外世應建伏（觀金土火木互爲體建金水應）

內土伏火外木或不論內外而論世建與飛伏益金土入震索也與飛土
建與伏金或兼論世應飛伏復水土見候世應水土飛伏水土屯土木應象世應土木
飛伏土水或專論世應大金木合乾先入坤象世金應木蠱金木入艮巽世金應木或
論世之所忌履金火入卦初九火□九四火克九五世金爻及乾文金或論世之
所生巽火木與巽同宮世木巽木見火於其所起見其所滅大壯起于子滅
于亥於其所形見其所生隨金木爻形水火相激兌金巽木故曰死於
位生於時死於時生於位苟非彰往而察來微顯而
闡幽者曷足以與此前是小王變四千九十有六卦
後有管輅定乾之軌七百六十卦復有八坤之軌六百

七十有二其知之者將可以語邵康節三易矣徒小王之徒唯知尚其詞耳其謂斯何昔魯商瞿子木受易孔子五傳而至漢田何子裝何授洛陽丁光光授碭田王孫王孫授東海孟喜孟喜授梁焦贛延壽延壽授房房授東海殷嘉河東姚平河南乘弘由是易有京房之學而傳盛矣有瞿牧自生者不肯學京氏曰京非孟氏學也劉向亦疑京託之（缺一字）孟氏不知當時爲何說也今以當時之書驗之蓋有孟氏京房十一篇以大異孟氏京房六十六篇與夫京氏殷嘉

十二篇同爲一家之學則其源委孰可誣哉此亦學者不可不知也若小王者果何所授受邪蓋自京氏爲王學有餘力而王學之適京氏則無繇矣或傳是書而文字舛謬得以予言而攷諸凡學不可就正者缺以待來哲積筭雜占條例法具如別錄

乾　姤遯否觀　震　豫解恒升

剝晉大有　井大過隨

坎　節屯旣濟革　艮　賁大畜損

豐明夷師　睽履中孚漸

坤　復臨泰大壯　巽　小畜家人益无妄

夬需比　噬嗑頤蠱

離　旅鼎未濟蒙　兌　困萃咸蹇

渙訟同人　謙小過歸妹

京氏易傳卷下　終

鄭端胤

明黄岡樊維城彙編　後學姚士麟訂閱

劉祖鍾

☰乾下乾上乾純陽用事象配天屬金與坤爲飛伏居世壬戌土癸酉金易云用九見羣龍无首吉純陽用九之德九三三公爲應肖乾乾夕惕之憂甲壬配外内二象乾爲天地之首分甲壬入乾位積筭起巳巳火至戊辰土周而復始吉凶之兆積年起月積日起時積時起卦入本宫五星從位起鎮星土星入西方麗西北居壬戌爲伏位參宿從位起壬戌壬戌在世居宗廟建子起

潛龍十一月冬至一陽生建巳至極王亢位四月龍見于辰陽極陰來吉去凶生用九吉配於人事爲首乾爲首也爲君父乾象堅剛天地之尊故爲君父於類爲馬爲龍天行運轉不息降五行頒六位十二辰分六位升降以時消息吉凶居西北之分野陰陽相戰之地易云戰于乾乾爲陽西北陰陽入陰二氣盛必戰天六位地六氣六象六包四象分萬物陰陽無差升降有等陰陽二十四候律呂調矣人事吉凶見乎其象造化分乎有無故云變動不居周流六虛六位純陽陰象在中陽中陰陰中陽陽爲君陰爲臣陽爲民陰爲事陽實陰虛明暗之象陰陽可知三五爲陽二四爲陰

初上潛亢水配位爲福德甲子水是乾之子孫木入金鄉居寶貝

甲寅木是乾之財土臨內象爲父母甲辰土是乾之父母火來四上嫌相敵壬午火是乾之官鬼金入金鄉木漸微壬申金同位傷木宗廟上建戌亥乾本位戌亥乾之位陽極陰生降入姤卦八卦例諸

☴巽下乾上姤陰爻用事金木互體天下風行曰姤姤遇也易曰陰遇陽一陰初生陽氣猶盛陰未爲敵與巽爲飛伏元士居世辛丑土甲子水尊就卑子孫與父母相代位定吉凶只取一爻之象多以小爲貴九四諸侯堅剛在上陰氣處下易云繫于金柅巽積陰入陽辛壬降內外象建庚午至乙亥芒種小雪積算起乙亥水至甲戌土周而復始

災福之兆在乎五行升降也五星從位起太白太白在西居金位井宿從位入辛丑辛丑入土元土臨母也建午起坤宮初六爻易云履霜堅冰至建亥龍戰于野戊亥是乾之位乾伏本位必戰積陰之地猶盛故戰配與人事為腹為母坤順容於物於類為馬易云行地無疆此釋一爻配坤象本體是乾巽今贊賁一爻起陰假坤象言之內巽為風乾為天天下有風行君子以號令告四方巽入也風入於坤皆動也故知天下有風動其物也天風氣象三十六候三十六候節氣降大風象木入金為始金納木也陰不能制於陽附於金柅易之柔道牽也五行升降以時消息陰盪陽降入遯天山遯卦

☶☰ 艮下乾上 遯陰爻用事陰盪陽遯金土見象山在天下爲遯 遯退也 陰來陽退也小人君子汚隆契斯義也易云遯世無悶與民爲飛伏大夫居世建辛未爲月 丙午火丙寅木 六二得應與君位遇建爲臣事君全身遠害 遯候時也 建辛未至丙子陰陽遯去終而伏位 從六月至十一月也 積筭起丙子至乙亥周而復始 火土同宮天與山遯 陽消陰長無專於敗繫云能消息者必專者敗五星從位起太陰鬼宿入位降丙辰 丙午元土 臨配於人事爲背爲手 艮爲背手 於類爲狗爲山石內外升降陰陽分數二十八候 分陰陽進退 土入金爲緩積陽爲

天積陰爲地山所地高峻逼通於天是陰長陽消

降入否陰逼陽去入天地否卦

䷋坤下乾上否內象陰長純陰用事天氣上騰地氣下降二

象分離萬物不交也小人道長君子道消陰小人陽君子

易云否之匪人與坤爲飛伏三公居世乙卯木甲辰土上

九宗廟爲應君子以俟時小人爲灾乙卯泰來建壬申

至丁丑陰氣浸長七月立秋至十二月大寒積筭起丁丑至丙

子周而復始金丑土同宮吉凶見矣五星從位起歲星木星入卦

用事柳宿從位降乙卯乙卯臨三公氣分氣候三十六六六

三十六積筭吉凶陰陽升降陽道消鑠陰氣凝結君臣父

子各不逮及陰盪陽來道行矣易云其亡其亡繫于苞桑苞桑則叢桑也天地清濁陰薄言搏陽消天地盈虛與時消息危難之世勢不可久五位既分四時行矣君子當危難世獨志難不可久立特處不改其操將及泰來上九云否極則傾何可長也否極則泰來陰長降入於觀九四破陰逼入觀卦

䷓坤下巽上觀內象陰道已成威權在臣雖大觀在上而陰道浸長與巽為飛伏諸侯臨世辛未土壬午火反應元士而奉九五君位也易云觀國之光利用賓于王臣道出於六四爻也建癸酉至戊寅陰陽交伏秋分至立春積算起戊寅至丁丑周而復始用金為首金土火互為體五

星從位起熒惑（火星入卦用事吉凶）星宿從位降辛未（星宿入諸侯宮木星同位）土木分氣二十八（積算分配六位吉凶爻定數）陰陽升降定吉凶成敗取六四至于九五成卦之終也易云觀我生（我生即道也）又云風行地上（君子之德風小人之德草也）列象分爻以定陰陽進退之道吉凶見矣地上見巽積陰凝盛降入于剝（九上退陰入剝卦）

䷖（坤下艮上）剝柔長剛滅天地盈虛（建戌至建亥）體象金爲本隨時運變水土用事成剝之義出於上九易云碩果不食君子得輿小人剝廬（君子全得剝道安其位小人終不可安也）輿艮爲飛伏（丙子水壬申金）天子治世反應大夫建甲

戌至巳卯陰陽定候寒露至春分積筭起巳卯木至戌寅木周而復始吉凶之兆見乎有象純土配金用事五星從位起鎮星土星入卦張宿從位降丙子張宿入天子宮金土分氣三十六積筭六位起吉凶天地盈虛氣候易象云山附於地剝君子俟時不可苟變存身避害與時消息春夏始生天氣盛大秋冬嚴殺天氣消滅故當剝道已成陰盛不可逆陽息陰專升降六爻反為游魂盪入晉積陰反入晉卦

䷢坤下離上晉陰陽返復進退不居精粹氣純是為游魂為陰極剝盡陽道不可盡滅故返陽道道不復本位為歸魂例入卦金方以火土

運用事與艮爲飛伏巳酉金丙戌土諸侯居世反應元士建巳卯至甲申陰陽繼候春分立秋積筭起甲申金至癸未土周而復始游魂取象配於正位吉凶同矣五星從位起太白卦配金星入用翼宿從位降巳酉金翼宿北方入晉卦行事二象分候二十八運配金土積筭氣候無差於晷刻吉凶列陳象在其中矣天地運轉氣在其中矣乾道變化萬物通矣乾分八卦至大有復卦六爻交通至於六卦陰陽相資相返相尅相生至游魂復歸本位爲大有故曰火在天上大有爲歸魂卦定吉凶配人事五行象乾爲指歸地凡八卦分爲八宮每宮八卦八八六十四卦定吉凶配人

事天地山澤草木日月昆蟲包含氣候足矣

☲☰乾下離上大有卦復本宮曰大有內象見乾是本位八卦本從乾宮起至大有爲歸魂純金用事與坤爲飛伏甲辰土乙卯木三公臨世應上九爲宗廟建戊寅至癸未立春正月至大暑時也積筭起癸未土至壬午火周而復始吉凶與乾卦同用五星從位起太陰太陰水星入卦用事軫宿從位降甲辰二十八宿分軫星入大有卦用事行度吉凶可見金土分象三十六候配陰陽升降六位相盪返復其道復歸本位也吉凶度數與乾卦同分六五陰柔爲日照于四方象天行健六龍御天少者爲多之所宗六五爲尊也柔處尊位以柔優剛以陰

處陽能柔順於物萬物歸附故曰照于四方易曰火在天上大有離爲火爲日故曰大有陰陽交錯萬物通爲陰退陽伏返本也乾象分盪八卦入大有終也乾生三男次入震宮八卦乾生三男坤生三女陽以陽陰以陰求奇耦定數于象也

䷲震下震上震分陰陽交互用事屬於木德取象爲雷出自東方震有聲故曰雷雷能警於萬物爲發生之始故取東也爲動之主爲生之本易繫云帝出乎震安不動主靜爲躁君與巽爲飛伏庚戌土辛卯木宗廟處上六陰爲陽之主震動動須由陰陽交互震動也運數入丙子至辛巳大雪至小滿積算起辛巳至庚辰土宮配吉凶周而復始吉凶

（配木宮以土用事）五星從位起歲星（歲星入卦用事）角宿從位降庚戌土（庚戌入震用事臨上六爻庚戌土位爲元首）內外木土二象俱震易曰震驚百里又云畏鄰戒也（震爲雷聲驚于百里春發秋收順天行也取象定吉凶）取象爲陽配爻屬陰故曰陰陽交錯而爲震氣候分數三十六定吉凶於頃刻毫釐之末無不通也無不備也（定陰陽數考人之休咎起于積筭終于六位也）陰陽交互陽爲陰陰爲陽陰陽二氣盪而爲象故初九三陰爲豫（入豫卦）

䷏（坤下震上）豫卦配火水木以爲陽用事易云利建侯行師又云天地以順動故日月不過四時不忒（坤順

震動聖人以順動則刑罰清而民服與坤為飛伏乙未
土庚子水世立元士為地易奉九四為正正建丁丑至
壬午大寒芒種積筭起壬午至辛巳以六爻定吉凶周
而復始火土筭休廢五星從位起熒惑熒惑火星入卦用事亢宿
從位降乙未土土宿鎮乙未土上木下見土內順外動故
為悅豫時有屯夷事非一揆爻象適時有凶有吉
人之生世亦復如斯或逢治世或逢亂時出處存
亡其道皆系易云大矣哉陰陽升降分數二十八
極大小之數以定吉凶之道積筭壬午入乙未推吉凶豫以陽
適陰為內順成卦之義在於九四一爻以陽盪陰

君子之道變之於解豫卦以陰入陽成九四之德之入解卦陽入陰成解之德

䷧坎下震上解陰陽積氣聚散以時內險外動必散易云解者散也解也品彙甲拆雷雨交作震雷坎雨積氣運動天地剖判成卦之義在於九二與坎為飛伏戊辰土庚寅木立大夫於世為人而六五降應委權命於庶品建戊寅至癸未立春大暑推吉凶於陰陽定運數於歲時積筭起癸未至壬午周而復始土火入數起宮五星從位起鎮星鎮星土位氐宿從位降戊辰氐宿入戊辰木下見水動而險陰陽會散萬物通焉升降屬陽盪陰以陽為尊尊者高而卑者低變六三為九三恒

卦分氣候定數極位於三十六金水入數合卦成數定日月時變

坎入巽居内象為雷風運動鼓吹萬物謂之恒入恒卦

☳ 巽下震上恒久於其道立於天地雷與風行陰陽相得尊甲定矣號令發而萬物生焉萬物得其道也生者道一作進也

雷風行而四方齊也齊者整肅與巽為飛伏辛酉金庚辰土

三公治世應於上六宗廟宗廟爻建巳卯至甲申春分立秋

金木起度數積筭起甲申至癸未周而復始金木入宮

五星從位起太白太白金星入卦用事房宿從位降辛酉房宿入卦立秋用

上下二象見本分陰陽於内外内巽陰外震陽

氣候分數三十八金木入卦分節候九三至於陽屯之位不順所履無定其位恒者常也而九三以陽居位立于陰陽交互之上是知不以爲所然[redacted]易云不恒其德或承之羞陰陽升降反於陰君道漸進臣下爭權運及於升次降入升卦

䷭巽下坤上升陽升陰而陰道凝盛未可便進漸之曰升升者進也卦雖陰而取象於陽故曰以陽用事內巽陰木陽也與坤爲飛伏癸丑土庚午火諸侯在世元士爲應候建庚辰至乙酉清明秋分積筭起乙酉至甲申周而復始金水合木宮見象定吉凶五星從位起太陰太陰水星入卦取象心宿入位降癸丑心宿入卦配土位土下見木內外俱順動

陰陽而長歲時人事配吉凶發乎動占歲時人事吉凶之兆見乎動易繫云吉凶悔吝生乎動氣候配象數位三十六分陰爻數分陽爻數自下升高以至於極至極而反以修善道而成其體合抱之木始於毫末陰道革入陽爲坎水與風見井入井卦

䷯巽下坎上井陰陽通變不可革者井也井道以澄清不竭之象而成於井之德也易云井者德之基又云往來井井見功也改邑不改井德不可渝也井道以澄清見用爲功也井象德不可渝變也與坎爲飛伏戊戌土庚申金九五處至尊應用見本象建辛巳至丙戌小滿寒露積筭起丙

戌至乙酉周而復始火土入卦起筭數五星從位起歲星

木星入卦東方用事尾宿從位降戌戌尾宿配戌戌入卦宮坎下見風

險於前內外相資益於君井以德立君正民信德以其道也賢人

有位君子不孤傳曰德不孤必有鄰六爻各處其務反覆陰陽

變化各得其道也氣候所象定數於二十八爻配陰陽分人事吉凶具

見矣天地之數分於人事近取諸身遠取諸物吉凶之兆定於

陰陽陰生陽消陽生陰滅二氣交互萬物生焉震

至於井陰陽代位至極則反與巽爲終退復於本

故曰游魂爲大過降入大過卦

䷛巽下兌上大過陰陽代謝至於游魂繫云精氣爲物

游魂爲變是故知鬼神之情狀互體象乾以金土定吉凶去本末取二五爲過之功大者相過與坎爲飛伏丁亥水戊申金降諸侯立元首元士居應上建丙戌至辛卯起元氣從丙戌至辛卯爲卦建建者則所生之位今立建起至辛卯取陰陽至位極處也寒露至秋分積算起辛卯至庚寅周而復始土木入卦用事五星從位起熒惑熒惑火星入卦箕宿從位降丁亥箕宿配丁亥水合卦宮也陰陽相盪至極則反反本及末於游魂分氣候三十六六爻極陰陽之數三十六五行分配定吉凶於積算陽入陰陰陽交互反歸於本曰歸魂降隨卦入澤雷隨卦

䷐震下兌上隨震象復本曰隨內見震也內象見震曰本從震

起至隨爲歸魂純木用事與巽爲飛伏庚辰土辛酉金世立三公

應宗廟建乙酉至庚寅秋分立春積筭起庚寅至己丑

土木入卦氣筭周而復始吉凶定於筭數爲準五星從位起鎮星鎮星

土入卦用事計都從位降庚辰計都配庚辰土入卦分吉凶氣候分

數二十八定數於六位六位雖殊吉凶象震進退隨時

各處其位無差晷刻內外二象悅而動隨附於物

係失在於六爻易云係丈夫失小子又云係小子失丈夫此之謂也吉凶定

於起筭之端進退見乎隨時之義金木交刑水火

相敵休廢於時吉凶生焉震以一君二民動得其

宜震一陽二陰陽君陰民得其正也本於乾而生乎震故曰長男

陰陽升降爲八卦至隨爲定體資於始而成乎終坎降中男而曰坎互陽爻居中爲坎卦

☵ 坎下坎上 坎積陰以陽處中柔順不能履重剛之險故以尅克柔而履險而曰陽是以坎爲屬中男分北方之卦也與離爲飛伏 戊子水 己巳火 世立宗廟居於陰位比近九五金於坎道遠於禍害三公居應亦爲陰暗成坎之德在於九五九二也 內外居坎陽處中而爲坎主純陰得陽爲明臣得君而安其居也君得一作臣而顯其道也 建起戊寅至癸未 大暑大雪 積筭起癸未至壬午周而復始 金水入卦木同宮氣候起筭時日歲月吉凶 五星從位起太白 太白金星入水宮 牛宿從

位降戊子二十八宿從位八卦周而復始歲數運數三十六配六位分陰陽三百五十六餘日四分之一分五行配運氣吉凶見矣內外俱坎是重剛之位易曰坎陷也坎水能深陷于物處坎之險不可不習故曰習坎便習之習後可得履于險而不陷沒者不以剛履柔不能成坎之道也震以陽居初能震動於物能爲動主乾生震一陽居於初震爲長男坎以陽居中爲重剛之主故以坎爲險陽變陰成於險道今以陰變陽止於爲節次入于節卦

䷻兌下坎上節水居澤上澤能積水陽止於陰故爲節節者止也陽盪陰而積實居中悅內而險於前陰陽進退金水交運與兌爲飛伏丁巳火戊寅木元士立元

首見應諸侯〔金火受其氣納到內〕建起甲申至巳丑〔爲本身節氣立秋大寒〕積筭起巳丑至戊子周而復始〔金水坎火運入卦雜定吉凶〕五星從位起太陰〔太陰屬水入卦用事〕女宿從位降丁巳〔配象入積筭〕金上見水本位相資二氣交爭失節則嗟易云不節若則嗟若分氣候二十八〔積筭起數二十八〕中男入兌少女分盪入陰中位見陽升降見長男次入水雷屯〔是則節儉入陽盪九二爻體歸於陽之入屯卦〕

䷂〔震下坎上〕屯內外剛長陰陽升降動而險凡爲物之始皆出先難後易今屯則陰陽交爭天地始分萬物萌兆在於動難故曰屯〔水在雷上如雲雷交作天地草昧經綸之始無〕

出於此也故易曰屯如邅如乘馬班如泣血漣如屯難之際盤桓不進之貌難定乃通易云女子貞不字十年乃字字愛也時通則道亨合正匹也土木應象見吉凶與震爲飛伏庚寅木戊辰土世上見大夫應至尊陰陽得位君臣相應可以定難於草昧之世建乙酉至庚寅秋分立春積筭起庚寅至巳丑周而復始土木配本宮起積筭五星從位起歲星木星入卦虛宿從位降庚寅虛宿入六二庚寅位分氣候三十六定吉凶之數陽適陰入中女子午相敵見吉凶動入離象見既濟

䷾ 離下坎上 既濟二氣無衝陰陽敵體世應分君臣剛

柔得位曰既濟離坎分二氣上火下水性相交敵不間隔是曰既濟也與離為飛伏己亥水戊午火世上見三公應上見宗廟內外陰陽相應坎離相納上下交坎水潤下離火炎上二氣相交為既濟五行相配吉凶麗乎爻象吉凶之兆見乎爻象建丙戌至辛卯寒露春分卦氣分節氣始丙戌受氣至辛卯成正象考六位分剛柔定吉凶積筭起辛卯至庚寅周而復始土木見運入卦五星從位起熒惑熒惑火星入卦危宿從位降巳亥危宿入巳亥分氣候二十八定六爻之類考吉凶之兆坎入兌為積陰二象分俱陰上下反覆卦變革坎入革六四盪之入陽變體為陰也

䷰ 離下兌上 革二陰雖交志不相合體積陰柔爻象剛健可以革變兌上離下中虛務上下積陰變改之兆成物之體故曰革易云君子豹變小人革面與兌爲飛伏丁亥水戊申金諸侯當世見元士九五六二爲履正位天地革變人事隨而更也更者變也建始丁亥至壬辰小雪清明水土配位土水入卦積筭起壬辰至辛卯周而復始五星從位起鎭星土星入卦室宿從位降丁亥二十八宿室宿入卦革丁亥土分氣候三十六其數起元首分陰陽之象數吉凶生矣上金下火金積水而爲器器能盛納於物火變生而爲熟生熟稟氣於陰陽革之於物物亦化焉五行云

類五色五色類萬物禀和氣氣節順剛節逆逆節反反節敗易云巳日乃孚孚猶信也陰陽更始動以見吉凶震主動也動以柔當位剛會之光大華變於豐兌卦兌入震爲豐卦

䷶離下震上豐雷火交動剛柔散氣積則晴動乃明易云豐其屋蔀其家闚其戶閴其無人三歲不覿乃凶上六積晴而動凶之於上反下見陰之兆火木分象配於積陰與震爲飛伏庚申金戊戌土陰處至尊爲世大夫見應君臣相晴世則可知臣強君弱爲亂世之始建生戊子至癸巳大雪小滿雷與火震動曰豐宜日中夏至積陰生豐當正應吉凶見矣日中也積筭起癸巳至壬辰周

而復始火土起筭五星從位起太白太白金星入卦壁宿從位降庚申壁宿入坎至豐庚申入土分氣候二十八積筭定六位起數二十八上木下火氣稟純陽陰生於內陽氣雜正性潰亂極乃反爲游魂入積陰震入坤也陰陽升降反歸於本變體於有無吉凶之兆或見於有或見於無陰陽之體不可執一爲定象於八卦陽盪陰陰盪陽二氣相感而成體或隱或顯故係云一陰一陽之謂道一者道也外卦震降陰入明夷次入明之於人明夷卦

䷣ 離下坤上 明夷積陰盪陽六位相傷外順而隔於明處暗不分一作明傷於正道曰明夷夷者傷也五行升降

八卦相盪變陽入純陰（春夏之秋冬也）陰道危陽道安故與震爲飛伏（癸丑土庚午火）傷於明而動乃見志（震動也）退位入六四諸侯在世元士爲應君暗臣明不可止（箕子與紂也）建起六四癸巳至戊戌（游魂及六四文數起小滿至寒露）積筭起戊戌至丁酉周而復始（土金入卦起筭數）五星從位起太陰（太陰水星入卦）奎宿從位降癸丑（奎宿入卦配六四癸丑）土上分氣候三十六（三十六數入卦起筭推吉凶）地有火明於内暗於外當世出處爲衆所疑之所及傷於明易曰三日不食主人有言陰陽進退金水見火氣不相合六位相盪四時運動靜乃復本故曰游魂（本坎宮入）

卦相盪六位推遷也次降歸魂入師卦

䷆坎下坤上師變離入陰陽於正道復本歸坎陽在其中矣內卦坎爲本宮處下卦之中爲陰之主利於行師易云師者衆也衆陰而宗於一一陽得其貞正也與離爲飛伏離入坎也陰陽相薄剛柔遷位戊午火己亥水世主三公應爲宗廟建始壬辰至丁酉清明秋分積筭起丁酉至丙申周而復始金火入卦起筭五星從位起歲星歲星木入婁宿從位降戊午婁宿入坎卦歸魂六三爻分氣候二十八起筭入卦吉凶地下有水復本位六五居陰處陽位九二貞正能爲衆之主不潰於衆易云師貞丈人吉

入卦始於坎陰陽相盪反至於極則歸本坎中男陽居九二稱中男升降得失吉凶悔吝策於六爻六爻之設出於蓍蓍之得象而卦生積筭起於五行五行正則吉極則凶吉凶之象顯於天地人事日月歲時坎之變於艮艮爲少男少男處卦之末爲極也震一陽居初爻坎二陽處中艮三陽處卦之末故曰陽極爲少男又云止也次入艮卦

☶ 艮下艮上 艮乾分三陽爲長中少至艮爲少男本體屬陽陽極則止反生陰象易云艮止也於人爲手爲背取象爲山爲石爲門爲狗上艮下艮二象土木分氣候與兌爲飛伏丙寅木丁未爲少男取少女相配世上見

宗廟三公爲應陰陽遷次長幼分形乾三生男將至艮極少長

分形長中分之謂建也庚寅至乙未立春大暑陰長陽極升降六

位進退順時消息盈虛積筭起庚寅至巳丑周而

復始木土入卦五星從位起熒惑熒惑火星入卦胃宿從位降

丙寅胃宿入卦分位分數位三十六配位六卦分吉凶金木相敵

升降以時艮止於物背於物易云時止則止時行

則行剛極陽反陰長積氣止於九三初六變陽取

其虛中文明在內成於賁次降入賁卦

䷕ 離下艮上 賁泰取象上六柔來反剛九二剛上文柔

成賁之體止於文明賁者飾也五色不成謂之賁

文彩雜也山下有火取象文明火土分象與離爲飛伏（己卯木丙辰土）世立元士六四諸侯在應陰柔居尊文柔當世素尚居高侯王無累易云賁于丘園束帛戔戔建始辛卯至丙申（春分立秋）積算起丙申至乙未周而復始（金土入卦起算）五星從位起鎮星（鎮星入卦）昴宿從位降己卯（昴宿配賁卦初九陽位起算）分氣候二十八（起六位五）土火木分陰陽相應爲敵體上九積陽素尚（行算吉凶）全身遠害貴其正道起於潛至於用九（假乾初上爲陰也）陰陽升降通變隨時離入乾將之大畜次降六二中虛爲三連入大畜卦（陰消陽長）

䷙ 乾下艮上 大畜陽長陰消積氣凝盛外止內健二陰猶盛成于畜義易云旣處畜消時行陽未可進取於下卦全其健道君子以時順其吉凶與乾爲飛伏 甲寅木 丙午火 建始壬辰至丁酉 清明 秋分 積筭起丁酉至丙申周而復始 金土入卦分 吉凶起筭 五星從位起太白 太白 金星入卦 推吉凶 畢宿從位降甲寅 畢宿入大畜 九二甲寅土 九二大夫應世應六五爲至尊陰陽相應以柔居尊爲畜之主分氣候二十八 極陰陽之數 定吉凶之兆 山下有乾金土相資陽進陰止積雨潤下畜道光也乾象內進君道行也吉凶升降陰陽得位二氣相應陽上薄陰

陰道凝結上於陽長爲雨反下九居高位極於畜道反陽爲陰入于兌象六三應上九上有陽九反應六三成于損道次降損卦乾六乾九三之變六三

☶ 兌下艮上 損澤在山下卑險於山山高處上損澤益山成高之義在於六三在臣之道奉君立誠易云損下益上乾九三變六三陰柔益上九亢奉君之義與兌爲飛伏丁丑土丙申金三公居世宗廟六三上九建始癸巳至戊戌小滿寒露積筭起戊戌至丁酉周而復始土火入宮起積筭五星從位起太陰太陰水星入卦用事觜宿從位降丁丑二十八宿配觜宿入損卦六爻三起筭歲月日時土星入卦配吉凶陰陽相盪位不居

土金入損卦起算陰陽相生六位變動不居也六爻有吉凶四時變更不可執一以爲規六爻吉凶隨時更變或春或夏或秋或冬歲時運動分氣候二十八二十起數算吉凶八卦陰陽升降坎艮入離見睽之象損益六爻剛長陰坎入火澤睽卦

䷥兌下離上睽火澤二象氣運一作轉非合陰消陽長取象何比惟陽是從陰陽動靜剛柔分焉先睽後合其消通也文明上照幽暗分矣兌處下爲積陰暗之象也離在上爲明照于下易云見豕負塗載鬼一車先張之弧後說之弧遇雨則吉群疑亡也先疑暗也後說明也與離爲飛伏己酉金丙戌土諸侯立九四爲世初元世爲應建始甲午至

巳亥（芒種小雪）積算起巳亥至戊戌（水土入卦）五星從位起歲星（歲木星入卦）參宿從位降己酉（二十八宿配參宿入卦己酉土）分氣候三十六（起數積算）金火二運合土宮配吉凶於歲時六五陰柔處文明九二四得位權臣陰陽相盪六位逆遷變離入乾健於外象坎入履（陰陽推遷變化六爻吉凶之兆著于要之爻如臣事君近多憂也）次降入天澤履卦

䷉（兌下乾上）天下有澤曰履（履者禮也）得位吉失位凶（當履之時）素尚吉易云視履考祥其旋元吉與乾為飛伏（壬申金丙子水）六丙屬八卦（艮六丙也）九五得位為世身九二大夫合應象建始乙未至庚子（大暑大雪）積算起庚子至

巳亥金水入卦配六位筭吉凶五星從位起熒惑熒惑火星入卦井宿從位降壬申二十八宿入卦井宿入壬申分氣候金火入卦起於極數二十八二十八數起丙辰推吉凶陽多陰少宗少爲貴得其所履則貴失其所履則賤易云眇能視跛能履此履非其位六三也吉凶取此文爲準六位推遷積筭起筭數休王相破資益可定吉凶也升降反位歸復止於六四入陰爲游魂中孚卦次入中孚卦

䷼兑下巽上中孚陰陽變動六位周匝反及游魂之卦金木合土運入卦象互體見艮止於信義中孚信也與乾爲飛伏辛未土壬午火艮道革變升降各稟正性六四諸侯立世

應初九元士九五履信九二反應氣候相合內外相敵陰勝陽陽勝陰剛柔相薄六爻反應柔順相合吉凶見矣建始庚子至乙巳大雪小滿積筭起乙巳至甲辰周而復始火土入卦起積筭五星從位起鎮星鎮星土星鬼宿從位降辛未二十八宿配鬼宿入卦推吉凶分氣候三十六配卦筭吉凶之位風與澤二氣相合巽而說信及於物物亦一作必順焉易云信及豚魚豚魚幽微之物信尚及之何況於人乎兌入艮六三入陽內二陽歸陰陰陽交互復本曰歸魂次降歸魂風山漸卦內見艮

䷴艮下巽上漸陰陽升降復本曰歸魂之象巽下見艮

陰長陽消柔道將進艮變八卦終於漸漸終降純陰入坤分長女三陰之兆也柔道行也與兌爲飛伏丙申金丁丑土九三三公居世宗廟爲應建始巳亥至甲辰小雪清明積筭起甲辰至癸卯周而復始土木見運入卦筭吉凶五星從位起太白太白西方之卦定吉凶柳宿從位降丙申二十八宿柳宿入卦定吉凶分氣候二十八定數配吉凶入卦起筭上木下土風入艮象漸退之象也互體見離主中文明九五傳位得進道明也九五處互體卦之上進文明也六二陰柔得位應至尊易云鴻漸于磐飲食衎衎賢人進位也陰陽升降八卦將盡六十八爻陰陽相雜順道進退次于時也少男之位分於八

卦終極陽道也陽極則陰生柔道進也降入坤宮八卦陽卦二十一宮爲陽乾震坎艮也

陸公紀京氏易傳註上終

陸公紀京氏易傳註中　鹽邑志林第三帙

明黃岡樊維城彙編
後學姚士麟訂閱
鄭端胤
劉祖鐘

䷁ 坤下坤上 坤純陰用事象配地屬土柔道光也陰凝感與乾相納臣奉君也易云黃裳元吉六二內卦陰處中臣道正也與乾爲飛伏 癸酉金 壬戌土 宗廟居世三公爲應未免龍戰之災無成有終 陰成陽君臣不敢爲物之始陽唱陰和君命臣終其事也 初六起履霜至於堅氷陰雖柔順氣亦堅剛爲無邪氣也建始甲午至巳亥 芒種 小滿 積

筭起巳亥至戌戌周而復始(純土用事入積筭定吉凶)五星從位起太陰(太陰水星入卦)西南方之卦(鎮星入卦配坤西南)星宿從位降癸酉金(二十八宿八卦星宿降坤上六癸酉金)分氣候三十六(起積為數三十六)陰中有陽氣積萬象故曰陰中陰陰陽二氣天地相接人事吉凶見乎其象六位適變八卦分焉(六位變動八卦顯著)陰雖虛納于陽位稱實(六五六二之類也)升降反復不能久處千變萬化故稱乎易易者變也陰極則陽來陰消則陽長衰則退盛則戰易云上六龍戰于野其血玄黃陽屬(乾配西北積陰之地陰盛故戰)(乾坤併處天地之氣雜稱玄黃也)陽盪陰坤內卦初六適變入陽

曰震陰盛陽微漸來之義故稱復次降陽入地雷

復卦

䷗震下坤上 復陰極則反陽道行一作正也易云君子道長小人道消又曰七日來復七日陽之稱也七九稱陽之數也謂坤上六陰極陽戰之地陰雖不能勝陽然正當盛陽不可輕犯六陽涉六陰反下七爻在初故稱七日日亦陽也 六爻反復之稱註在前 易云初九不遠復无祇悔反至初九陽來陰復去違也 六爻盛卦之體總稱也月一陽爲一卦之主與震爲飛伏庚子水乙未土初九元士之世六四諸侯見應建始乙未至庚子大暑大雪見候起坤六月至十一月戊子爲正朔見復之兆 積筭起庚子至巳亥積筭起庚子至巳亥十月

至十一月年亦然周而復始土水見候五星從位起歲星歲星木星入復卦合水土配吉凶張宿從位降庚子二十八宿分張宿入復卦庚子水上分氣候二十八積筭起數二十八定吉凶六爻坤上震下動而順是陽來盪陰陰柔反去剛陽復位君子進小人退易云休復元吉陽升陰降變六二入兌象次併臨二陽將進內爲悅陰去陽來氣漸隆陰不敢拒陽奉命而已火之入地澤臨卦

䷒兌下坤上臨陽長陰消悅而順金土應候剛柔分震入兌二陽剛本體陰柔降入臨臨者天也陽爻健順陽交退散易曰君子之道易云至于八月凶建丑

至未也陽長六爻反復吉凶之道可見矣至于八月入遯與兌爲飛伏丁卯木乙巳火九二大夫立世六五至尊應上位建始丙申至辛丑立秋大寒七月積氣至六月吉凶隨爻考汙隆旺則隆衰則汙積算起辛丑至庚子積算起金土入卦推休咎于六爻五星從位起熒惑熒惑火星入卦用事翼宿從位在丁卯二十八宿翼宿入卦九二爻木上分氣候三十六定陰陽之數起于三十六積算坤下見兌悅澤臨陽升陰降入三陽乾象入坤卽泰卦臨卦內象先陽長逼陰成乾爲泰象外坤積陰內兌亦爲陰二陽合體柔順之道不可貞吉凶以時配於六位用於陽長之爻成臨之義六三將變陽爻至

次降入泰卦六入地天泰卦
☷☰乾下坤上泰乾坤二象合爲一運天入地交泰萬物生焉小往大來陽長陰危金土二氣交合易云泰者通也通於天地長於品彙陽氣內進陰氣升降升降之道成於泰象與乾爲飛伏甲辰土乙卯木三公立九三爲世上六宗廟爲應候建始丁酉至壬寅秋分立春積筭起壬寅至辛丑周而復始金土位上起積筭吉凶五星從位起鎮星土星入卦軫宿從位降甲辰分氣候二十八積筭起二十八數於甲辰位地下有天陽道浸長不可極極則否戌三陽務上坤順而往往而不已否道至存泰之義在於六

五陰居陽位能順於陽陰陽相納二氣相感終於泰道外卦純陰陽來剛柔成于震象降陽升居乾上戌大壯次降陰升陽入雷天大壯卦

䷡乾下震上大壯内外二象動而健陽勝陰而爲壯内陽升降二象俱陽曰大壯易曰羝羊觸藩羸其角進退難也壯不可極極則敗物不可極極則反故曰君子用罔小人用壯與震爲飛伏庚午火癸丑土九四諸侯之世初九元士在應建始戊戌至癸卯寒露至春分積筭起癸卯至壬寅土木入卦起積筭五星從位起太白太白金星入卦角宿從位降庚午二十八宿入卦配角宿入大壯庚午九四爻上分氣候三

十六積筭起數庚午火定吉凶雷在天上健而動陽升陰降陽來盪陰吉凶隨爻著于四時九四庚午火之位入坤爲卦之本起于子滅于寅陰陽進退六位不居周流六虛外象震入兌爲陰悅適爻爲剛長次降入夬陽決陰之象入澤天夬卦

䷪乾下兌上夬剛決柔陰道滅五陽務下一陰危上將反游魂九四悔也澤上於天君道行也夬五世六位周而復始爲游魂至九四成陰入坎爲需與兌爲飛伏丁酉金癸亥水九五立世九二大夫爲應九五在兌象爲世澤小於天也建始巳亥至甲辰小雪清明積筭起甲辰至癸卯周而復始金木分乾兌

入坤象入坤宮起積筭五星從位起太陰太陰水位入卦起筭亢宿

從位降丁酉二十八宿配亢宿入夬卦丁酉金上起分氣候二十八

積筭起宮二十八入卦甲辰還丁酉金上定吉凶易云澤上於天夬揚于

王庭柔道消消不可極反於游魂九四柔來文剛

陰道存也陰之道不可終否剛柔相濟日月明矣

天地定位人事通也凡卦陰極陽生陽極陰生生生之義不絕之貌日月循環

天地交泰陰陽相盪六位交分萬物生焉故曰雷動風行山澤通氣人

之運動體斯合矣人稟五常三焦九竅風火遍相兼濟以一位虧四體羸焉陰

陽升降反復道也次降入游魂水天需卦

䷄乾下坎上需雲上於天疑於陰而待於陽故曰需需

者待也三陽務上而隔於六四路之險也（外卦坎水爲險）亦陰稱血也坤之反覆適陽入陰（夬卦九四入需卦成六四陽之位也）陰陽交會運動陰雨積而凝滯於陽通乃合也（羣陽務上一陰報之故凝滯雨乃合）與兌爲飛伏（戊申金丁亥水）游魂立世諸侯應初九元士建始甲辰至巳酉（清明秋分）積筭起巳酉至戊申周而復始金土入乾坎（積筭起宮定吉凶）五星從位起歲星（歲星木星入卦）氐宿從位降戊申（二十八宿降氐宿入坤宮）游魂卦六四戊申金十一起積筭吉凶分氣候三十六（定吉凶總三十六位起筭）乾外見坎健而進險在前也需與飲食爭於坎也陰陽相激勝負有倚反爲不速敬終有慶陰陽漸消

陽道行反復其位不妄於陰坎降入歸魂水地

比卦坤之歸魂也

䷇坤下坎上比反本復位陰陽相定六爻交互一氣在也水在地上九五居尊萬民服也比卦一陽五陰少者爲貴衆之所尊者也比親於物物亦附焉原筮於宗歸之於衆諸侯列土君上崇之奉于宗祧盟契無差邦必昌矣與乾爲飛伏乙卯木甲辰土歸魂六之三公居世應上六宗廟建始癸卯至戊申春分立秋積筭起熒惑火星入卦房宿從位降乙卯二十八宿配房宿入坤歸魂乙卯木位上分氣候二十八積筭起二十八數陰道將復以陽爲主一陽居尊羣陰

宗之六爻交分吉凶定矣地道之義妻道同也臣之附君比道成也歸魂復本陰陽相成萬物生也故曰坤生三女巽離兌分長中下（巽長女離中女兌少女）以陽求陰乾之巽爲長女

☴（巽下巽上）巽陽中積陰而巽順（本乾象陰來澂成巽巽皆順也）風從穴入於物號令齊順天地明也內外稟於一陰順於天地道也聲聞於外遠彰柔順陰陽升降柔於剛也本於堅剛陰來又柔東南向明齊肅陰陽與震爲飛伏（辛卯木庚戌土）宗廟居世三公在應（上九九三）建始辛丑至丙午（大寒芒種）積筭起丙午至乙巳周而復始

火木與二十八宿分虛宿入翼上九奎初木也分氣候其數三十六分三十六數入卦起筭陰氣起陽陽順於陰陰陽和柔升降得位剛柔分也陰不可盈昃刻傾也初六適變陽來陰退復道行也三陽務進外陰陽也適變於內外未從也次降陰交於陽九爲小畜卦初六變初九也

☰☴乾下巽上小畜易云密雲不雨自我西郊小畜之義在於六四三陽連進於一危也外巽巽體陰畜道行也巽之初六陰盪陽氣感積陰不能固退復本位三連同往而不可見成於畜義外象明矣一陰劣不能固陽是以往也外巽積陰能固陽道成在上九一爻之法也易云既雨既處也與

乾爲飛伏甲子水辛丑上初九元士居世六四諸侯在應建始壬寅至丁未立春大暑積筭起丁未至丙午周而復始木土入乾巽入宮起筭法五星從位起太白金星入卦起筭吉凶尾宿從位降甲子二十八宿入卦分尾宿以小畜甲子水上起筭分氣候其數二十八分二十八數起宮推筭一陰居六四建子入陽宮推其休咎處吉凶剛健立陽爻陰凝在巽體易云輿說輹夫妻反目不義之兆夏至起純陰陽爻位伏藏冬至陽爻動陰氣凝地陰陽升降以柔爲剛見中虛文明積氣居內象九二適變入離次降入風火

家人卦

☲☴離下巽上家人乾剛俱變文明內外相應九五應六二爻陰陽得位居中履正火上見風家人之象閑邪存誠嗃嗃得中互體見文明家道明也內平遇坎險象家人難也酌中之義在於六二與離爲飛伏巳丑土辛亥水建始癸卯至戊申春分立秋積筭起戊申至丁未金土入離巽金土入卦同積筭大夫居世應九五立君位五星從位起太陰太陰北方入卦起宮推筭箕宿從位降巳丑二十八宿分箕宿入家人卦在巳丑土上分氣候其數三十六三十六起數家人卦推入積筭休咎火木分形陰陽得位內外相資二氣相合君君臣臣父父子子兄兄弟弟易曰家人嗃嗃父

子嘻嘻治家之道分於此也吉凶之義配五行進退六五進退吉凶於陰陽陰陽得起伏於四時運動吉凶見矣分內外矣二象配天地星辰合命定吉凶文明運動變化之象九三適陰入震風爲雷合曰益次降風雷益卦

䷩震下巽上益天地不交曰否六二陰上柔剛九四下降積陰故爲益易曰損上益下雷動風行男下女上震男巽女陽益陰君益於民之仰也互見坤坤道柔順又外見艮艮止陽益陰止於陽柔道行也內外順動風雷益四象分明剛柔定矣與震爲飛伏庚辰土辛酉金六三三公居世上九宗廟爲應建始甲辰至己酉清明秋分積筭起

巳酉至戌申周而復始土金入震巽起積筭風雷益卦起宫

五星從位起歲星木星入卦計宿從位降庚辰二十八宿分計

宿入風雷益六二庚辰土上分氣候二十八起二十八數積筭吉凶周而復始

陰陽二木合金土配象四時運轉六位交分休廢

旺生吉凶見乎動爻配日月星辰進退運氣升降

復當何位金水木火土適變於外陰入陽爻二象健而

動屬於天地也天陽震雷亦陽也二氣相激動而健天行也陰陽相盪

次降入天雷无妄卦

䷘震下乾上无妄乾剛震動二氣運轉天下見雷行正

之道剛正陽長物无妄矣內互見艮止於純陽外

互見巽順於陽道天行健而動剛正於物物則順
也金木配象吉凶明矣金木配乾震入卦與乾爲飛伏壬午
火辛未土九四諸侯在世初九元士立應上建始乙巳
至庚戌小滿寒露積筭起庚戌至巳酉周而復始火土
入乾震火土分乾震入无妄卦起積筭五星從位起熒惑火星入卦定吉
凶牛宿從位降壬午二十八宿分牛宿入无妄壬午火位上分氣候
三十六三十六數起卦積筭上金下木二象相衝陰陽升降二
健而動内見一陽應動剛五行分配吉凶半矣氣
各爭九五適變入文柔陰盪陽爻歸復位剛柔履次
明在外進退吉凶見中虛次降入火雷噬嗑卦

䷔震下離上噬嗑柔乘文剛積氣居中陰道明自動見文明雷電合分威光而噬嗑也易曰頤中有物曰噬嗑陰陽分中動而明象雷電也物有不齊齧而噬吉凶之道象於五行順則吉逆則凶火木合卦配升降與離爲飛伏巳未火辛巳土六五居尊應六二大夫建始丙午至辛亥芒種小雪積筭起辛亥至庚戌周而復始火土入離震分火土二位入噬嗑卦起積筭爻推配星辰歲月日時進退吉凶五星從位起鎮星土星入卦女宿從位降巳未土二十八宿分女宿入卦六五巳未土也分氣候二十八從二十八位數起八卦筭吉凶火居水上陽中見陰陽雜氣渾而涸吉凶適變隨時

見也返復陰游魂入卦降下九四陽入陰五行進退始終
之道斯可驗矣升降六爻極返終下降山雷頤卦
䷚震下艮上頤六位上下周而復始內外交互降入純
陰見坤象居中地之氣萃在其中上下陽位包陰積純和之氣
見浩然之道明矣土木配象吉凶從六虛六虛即六爻也
與震為飛伏丙戌上巳酉金六四諸侯在世元士之初九
見應建始辛亥至丙辰小雪清明積筭起丙辰至乙卯
周而復始土木入艮震分土木二象入卦筭吉凶五星從位起
太白金星西方入八月卦上衛虛宿從位降丙戌土二十八宿分虛宿入
頤六四丙戌土上分氣候三十六起數二十八推六爻吉凶之位山下有

雷止而動陰陽通變分氣候内外剛而積中柔升降游魂下居六四位特分復歸於本游魂返居六四入卦周始爻位遷次明矣吉凶起於六四次環六位星宿躔次也極則反本降入歸魂山風蠱卦

䷑巽下艮上蠱適六爻陰陽上下本道存也氣運周而復始山下見風止而順内互悅而動易云蠱者事也先甲後甲事分而令行金土合木象復本曰歸魂與震爲飛伏辛酉金庚辰土九三歸魂立三公在世應上九見宗廟建始庚戌至乙卯寒露春分積筭起乙卯至甲寅周而復始土木入艮巽土木分艮巽宮五星從位

起太陰（太陰水星入卦用）危宿從位降辛酉金（二十八宿危宿入巽歸蠱山風蠱九三辛酉金位上）分氣候二十八（起積筭數二十八卦宮定吉凶）木上見土風落山貞幹於父事陰陽復位長幼分焉八卦循環始於巽歸魂內象見還元六爻進退吉凶在於四時積筭起宮從乎建始（卦用及身也）升陰陽巽宮適變入離文柔分矣陰入陽退見中虛次水中女八卦相盪陰陽定位遷入離宮八卦純火以日用事

䷝（離下離上）離本於純陽陰氣貫中稟於剛健見乎文明故易曰君子以繼明照于四方（離卦中虛始于乾象純則健不

能柔明故以北方陰氣貫中柔剛而文明也陽爲陰主陽伏於陰也戌卦
義在六五是以體離爲日爲火始於陽象而假以陰氣
純用剛健不能明照故以陰氣入陽柔於剛健而
能順柔中虛見火象也是以離取中虛氣炎方能照物日昌火本陽象也純
以陰又不能乾於物純以陽又暴於物故取陰柔於中女能成於物也與坎爲飛伏
巳巳火戊子土宗廟爲世應上見三公上九九三建始戊申至
癸丑立秋至大寒積筭起癸丑至壬子火取胎月至本月周而
復始土水二象入離火位上水二位入卦起筭五星從位起
歲星木星入火宮卦室宿從位降巳巳火二十八宿分室宿入離宮上九
巳火上也分氣候三十六積筭起數三十六立位定吉凶內外二象配

云

於火土爲祥（土木入離爲祥）互見悅順著於明兩（兌巽二象）陰陽升降入初九適變從陰止於艮象（內卦變也）吉凶從位起至六五休廢在何爻（看當何位金水木火土與本宮刑宮）次降入火山旅卦（初九爻變之）

䷷（艮下離上）旅陰中見陽盪入陽中陰陽二氣交互見本象火居山上爲旅之義（離爲陰初九爲陽艮爲陽初六爲陰二氣交互上下見本也火在上無止象旅之義）易曰旅人先笑後號咷又曰得其資斧仲尼爲旅人固可知矣（旅卦爲取象火在山上顯露無止五行入卦消息去此還也）與艮爲飛伏（丙辰土己卯木）其居初六元士九四諸侯見應建始巳酉至甲寅（秋分立春）積筭起甲

寅至癸丑周而復始金入木土離艮金木土入卦起積筭五星從位起熒惑火星入卦見本象壁宿從位降丙辰二十八宿壁宿入旅卦初六丙辰土位上起筭分氣候三十六分三十六數起卦推筭火土同宮二氣合應陰陽相對吉凶分乎陰位上九陽居宗廟得喪于易六五爲卦之主不係于一凶其宜也內象適變溢陰入陽巽順於物進退意器外象明應內爲鼎次降火從風入鼎初九之初六六二之九二

巽爲風二象火曰鼎

䷱ 巽下離上 鼎木能巽火故鼎之象亨飪見新供祭明矣易曰鼎取新木見火中發火木相資象鼎之兆下穴爲足中虛見納飪熟之義明

（矣凡飪熟享祀爲先故曰供祭明矣變生也）陰陽得應居中履順三公之義繼於君也（九三成陽之德六五委任得賢臣假之位以斯明也）陰穴見火順於上也中虛見納受辛於內也金玉之鉉在乎陽饗新亨飪在乎陰與巽爲飛伏（辛亥水己丑土）九二立大夫爲世六五居尊見應建始庚戌至乙卯（寒露春分）積算起乙卯至甲寅周而復始分土木入離巽（分土木二象入爲巽配陽卦）五星從位起鎮星（土星入火宮）奎宿從位降辛亥水（二十八宿分奎宿入陽卦九二辛亥位上）分氣候三十六（起宮數三十六宮配卦算吉凶）火居木上二氣交合陰陽巽順器具形存金玉堅剛配象陰陽升降六位遞相遷次

九三適變以陽入陰見乎坎險（陽九三爻之義陰成坎卦外象坎外離二氣不交見未濟卦）降入水火未濟卦

䷿（坎下離上）未濟陰陽二位各復本體六爻交互異於正象（離炎上坎務下二象不合各殊陰陽交納是以異於本象也）故取未濟名之世應得位陰陽殊塗（九二六五）性命不交吉凶列矣（坎性離命）與坎為飛伏（戊午火己亥水）六三三公為世應宗廟（上九）建始辛亥至丙辰（小雪清明）積算起丙辰至乙卯水土二象入離坎（分水土入卦）五星從位起太白（金星入離宮卦分六爻）婁宿從位降戊午火（二十八宿分婁宿入未濟六二戊午火位土定吉凶入積算）分氣候二十八（積算二十八數至吉凶處）水火二象坎

離相納受性本異立位見隔睽于上下吉凶生也子午之位受刑見害氣不合也陰陽升降入於外卦適離爲艮上著於象艮上著離也天地盈虛與時消息其大也次降入山水蒙卦

䷃坎下艮上蒙積陽居陰止於坎陷養純正素居中得位易云山下出泉蒙二象標正天下通也擊暗釋疑陽道行也內實外正暗得明陰附於陽稚道亨也故曰蒙養正與艮爲飛伏丙戌土乙酉金諸侯立世元士爲應六四初六建始壬子至丁巳大雪小滿積算起丁巳至丙辰周而復始火土入艮坎火土二象入卦同算五星從

位起太陰水星北方入宮起筭胃宿從位降丙戌土二十八宿分胃宿入蒙卦六四丙戌土上分氣候三十六起數二十八從六位推筭山下見水畜聚居中分流萬派六位不居吉凶適變水土分也五行入卦筭吉凶逐四時行因廢王吉則王凶則廢陰陽進退歲時物也六五陽中積陰入巽見陰中陽二氣相盪不可盈望次降入風水渙卦六五變入九五陽中陰入陽中陽適變往于他宮位不出本宮

䷺坎下巽上渙水上見木渙然而合渙者散也内外徤而順納實居中正互見動而上虛舟行也陰陽二象資而益也風行水上處險非溺也木浮于水也九五履正思順

非偪也與巽爲飛伏辛巳火巳未土九五居尊大夫應九二
爻也建始癸丑至戊午大寒芒種積筭起戊午至丁巳周
而復始火土入坎巽火土二象入坎巽配火宮渙卦起筭五星從位
起歲星木星入火宮木象昴宿從位降辛巳火二十八宿分昴宿入
渙九五辛巳火位上分氣候其數二十八起筭從二十八位上推六爻吉凶歲
月日時爲候內卦坎中滿一陽居中積實于內風在外
行虛聲外順吉凶之位放乎四序盛衰之道在乎
機要陰陽死于位生于時死于時生于位進退不
可詰正盛則衰來正衰則盛來易曰積善之家必
有餘慶積不善之家必有餘殃八卦始終六虛反

復游魂生巽入乾爲天水訟卦

☰☵坎下乾上訟生生不絕之謂道六位不居返爲游魂離宮八卦以訟爲反四五至四也天與水違曰訟天道西行五行水東流其路背也外象乾西北方之卦內坎水正北方之卦其流東也二氣不交曰訟所占六位定吉凶非所背順爲正金與水二氣相蕩父子之謂健與險內外相激家國之義出象故以則斯可驗矣與巽爲飛伏壬午火辛未土諸侯居世元士見應九四初六建始戊午至癸亥芒種小雪積算起癸亥至壬戌周而復始火水入卦火水二象入離宮配六位積算推日月歲時五星從位起熒惑火星入火宮同起積算畢宿從位降壬

午火鬼天水訟卦九四壬午火上也二十八宿分畢宿由丙宿入離游分氣候二十六起宮從三十六位算吉凶天下見水陰陽相背二氣不交物何由生吉凶宗於上九進退見於九四二居中履正得其宜也陰陽升降復歸内象陰上陽來復本位内見離

同人次降天火同人卦爻本陽上下二爻陰適變從離也

䷌離下乾上同人二氣同進健而炎上乾務上坎務下同途異致性則合也易曰出門同人又誰咎也九二得位居中六三積陰待應易曰先號咷而後笑陽於陽位不能決勝先故曰號咷後獲合方喜也故曰後笑也八卦復位六爻遷次周而復始上下不停生生之義易道祖也天與火明而

健陽道正陰氣和也〔六二居內卦中能奉於陽〕吉凶故象五行昭然〔金木水火土配六位相生〕與坎為飛伏〔巳亥水庚午火〕歸魂立三公為世上九宗廟為應候建始丁巳至壬戌〔小滿寒露〕積算起壬戌至辛酉周而復始火土入乾離〔火土二象入乾離配六宮起積算〕五星從位起鎮星〔土星入卦定其吉凶〕紫宿從位降巳亥水〔二十八宿分紫宿入離歸魂配天火同人九三巳亥水上〕分氣候二十八〔起積算二十八位數起六爻有吉凶入何位〕火上見金二氣雖同五行相悖六爻定位吉凶之兆在乎五二得時則順失時則逆陰陽升降歲月分焉爻象相盪內外適變八卦巡廻歸魂復本本靜則象生故適離

爲兌入少女分八卦於兌象次又兌宮八卦

☱兌下兌上兌積陰爲澤純金用體畜水凝霜陰道同也上六陰生與艮爲合兌下上六陰凝艮上於陽健納兌爲妻二氣合土木入兌水火應之二陰合體積于西郊秋王衝震入乾氣類陰也配象爲羊物類同也與艮爲飛伏丁未上丙寅木上六宗廟在世六三三公爲應建始乙卯至庚申春分立秋積筭起庚申至巳未周而復始金土入兌宮金土入兌宮起積筭五星從位起太白太白金星入卦參宿從位降丁未土二十八宿分參宿入兌上上六丁未土上分氣候三十六起宮筭從二十六數起定吉凶內卦互體見離巽配火水入金宮

分貴賤於強弱（火強木弱）吉凶隨爻筭歲月運氣逐休王陰陽升降變初九入初六陽入陰爲坎象正體見陽位剛柔分吉凶見也適變內象入坎爲困卦（兌內卦初九變入坎）

䷮（坎下兌上）困澤入坎險水不通困外柔內剛陰道長也陰陽不順吉凶生也易云困于石據于蒺藜入于其宮不見其妻凶上下不應陰陽不交二氣不合（困卦上下無應陰陽不交六三陰上六亦陰無匹入九五求陽陽亦無納也）五行配六位生悔吝四時休王金木交爭萬物之情在乎幾微與坎爲飛伏（戊寅木丁巳火）初六元士爲世九四諸

候在應建始丙辰至辛酉清明秋分積算起辛酉至庚申周而復始土金入坎兌分土金入坎兌配金宮起算五星從位起太陰水宿入兌卦起算井宿從位起太陰降戊寅二十八宿分井宿入困卦初六戊寅木分氣候其數二十八二十八起宮入積算定吉凶坎象互見離火入兌金水見運配吉凶陰陽升降坎入坤陰氣凝盛降入萃變通入萃卦

䷬坤下兌上萃金火分氣候土木入兌宮升降陰氣盛剛柔相應合九五定羣陰二氣悅而順萃卦丁酉金乙巳火二象刑而合也澤上於地積陰成萃易曰萃者聚吉凶生陽氣合而悅凡聚衆必慎防閑假陽爲主成萃之義伏戎必豫備衆聚去疑心與

坤爲飛伏乙巳火丁卯木六二大夫居世九五至尊見應
建始戊寅至癸未立春大暑積筭起癸未至壬午周而
復始土木入坤兌分土木入兌宮起筭五星從位起熒惑火星
入金水宮推吉凶也翼宿從位降乙巳二十八宿分翼宿入萃六二位上分
氣候二十八積筭起二十八數六爻見吉凶澤下見坤二氣順木
土入宮有愛惡木惡土愛也陰陽升降陽氣來止於坤
象互見艮艮爲陽兌象納艮陰氣強男下女次降澤山
咸卦

䷞ 艮下兌上 咸山上有澤虛巳畜物陽中積陰感於物
也陽下於陰男女之道內外相應感類於象也六

二待聘九五見召二氣交感夫婦之道體斯合也易曰咸感也利取女吉艮少男兌少女男下於女取婦之象與艮爲飛伏丙申金丁丑土九三三公居世上六宗廟爲應建始戊午至癸亥芒種小雪積筭起癸亥至壬戌周而復始火土入艮兌分火土象入艮兌也五星從位起熒惑火星南方入金宮柳宿從位降丙申二十八宿分柳宿入咸九三丙申金爻上分氣候三十六積筭起數分三十六位起吉凶土上見金母子氣合陰陽相應剛柔定位吉凶隨爻受氣出則吉刑則凶陰陽等降入外險止於內象爲山水蹇卦九四爻之入陰中剛

䷦ 艮下坎上 蹇利於西南艮道通也水在山上蹇險難

進陰陽二氣否也陰待於陽柔道牽也險而逆止陽固陰長處能竭至誠於物爲合蹇道亨也易曰王臣蹇蹇匪躬之故六二與坎爲飛伏戊申金戊亥水六四諸侯居世初六元士在應建始巳未至甲子大暑大寒積筭起甲子至癸亥周而復始土水入坎艮水土二象入艮配金宮起筭五星從位起鎮星土星入金宮星宿從位降戊申二十八宿分星宿入蹇六四戊申金上分氣候其數三十六積筭起數二十六從六位五行土上見水柔而和此五行相推二氣合取象則陰陽相背也九五適變入坤宮比得朋陰氣合也外卦九五變入坤內見艮故曰得朋也將入謙卦取象坎降入

地山謙

䷎ 艮下坤上 謙六位謙順四象無凶一陽居内卦之上爲謙之主易曰謙謙君子利涉大川陰陽不爭處位謙柔陰中見陽止順於謙有無之位上下皆通易曰撝謙無不順也與坤爲飛伏（癸亥水丁酉金）六位居世大夫在應建始庚申至乙丑（立秋大寒）積筭起乙丑至甲子周而復始金土入坤艮（金土二象入兌宮起筭也）五星從位起太白（太白金星入兌宮卦）張宿從位降癸亥（二十八宿分張宿入謙六五癸亥水上）分氣候二十八（積筭起數二十八位）坤在艮上順而止五行入位象謙柔（吉凶隨爻適變）陰陽升降至六

五位返入游魂變歸六四盡六四一爻入陽也八卦相離四象分也次降入雷山小過卦

☳☶艮下震上小過六四適變血脉通也陽入陰陰入陽二氣降內外象上下返應二剛相適九三九四土木入卦分於二象內艮外震雷處高山亢之極也內柔無正性危及於外易曰飛鳥遺之音不宜上宜下與坤爲飛伏庚午火癸丑土反歸九四諸侯立世元士見應建始乙丑至庚午大寒芒種積算起庚午至巳巳周而復始土火入震艮外土火二象入兌宮五星從位起太陰水星入卦游魂翼宿從位降庚午二十八宿分翼宿入兌宮游魂小過卦九四庚午火上

分氣候三十六積筭三十六數六位吉凶木下見土二陽畜陰六位相刑吉位生也上升下陰陽反應各私其黨六爻適變陰道悖也升降進退其道同也之艮入兊陰納與陽也反復其位次降入歸魂雷澤歸妹卦

䷵ 兊下震上 歸妹陰復於本悅動於外二氣不交故曰歸妹歸者嫁也互見離坎同於未濟適陽從陰剛從外至九四至剛六三悅柔返無其應凶並羊涉卦之終長何吉也與艮爲飛伏丁丑土丙申金三公歸魂之世上六宗廟見應建始甲子至巳巳大雪小滿積筭起巳

巳至戊辰周而復始水土入震兌分水土二象入兌宮五星從位起歲星木星東方入兌宮歸魂軫宿從位降丁丑土二十八宿分軫宿入兌歸魂六二丁丑上上分吉凶起筭分氣候三十八積筭起三十八數六位推五行數吉凶雷居澤上剛氣亢盛陰陽不合進退危也震長男兌少女少女四長長男氣非合也吉凶在上六處於動極適變位定時不可易之道也五行考象非合斯義陰陽運動適當何爻或陰或陽或柔或剛升降六位非取一也兌歸魂配六十四卦之終也

陸公紀京氏易傳註中終

陸公紀京氏易傳註下　鹽邑志林第四帙

明黃岡樊維城彙編　後學姚士麟訂閱

鄭端胤

劉祖鍾

夫易者象也爻者效也聖人所以仰觀俯察象天地日月星辰草木萬物順之則和逆之則亂夫細不可窮深不可極故揲蓍布爻用之於下筮分六十四卦配三百六十四爻序一萬一千五百二十策定天地萬物之情狀故吉凶之氣順六爻上下次之八九六七之數內外承乘之象故曰兼三才

而兩之孔子曰陽三陰四位之正也三者東方之數東方日之所出又圓者徑一而開三也四者西方之數西方日之所入又方者徑一而取四也言日月終天之道故易卦六十四分上下象陰陽也奇耦之數取之於乾坤乾坤者陰陽之根本坎離者陰陽之性命分四營而成易十有八變而成卦卦象定吉凶明得失降五行分四象順則吉逆則凶故曰吉凶悔吝生乎動又曰明得失於四序吉吉凶生乎動五行休廢内犯胎養合五行運機布度其氣轉易王者亦當則天而行與時消息安而不忘亡將以順性命

之理極蓍龜之源重三成六能事畢矣分天地乾坤之象益之以甲乙壬癸乾坤二分天地陰陽之本故分甲乙壬癸陰陽之終始震巽之象配庚辛庚陽入震辛陰入巽坎離之象配戊己戊陽入坎己陰入離艮兑之象配丙丁丙陽入艮丁陰入兑八卦分陰陽六位五行光明四通變易立節天地若不變易不能通氣五行迭終四時更廢變動不居周流六虛上下無常剛柔相易不可以爲典要惟變所適吉凶共列于位進退明乎機要易之變化六爻不可據以隨時所占周禮太卜一曰連山二曰歸藏三曰周易初爲陽二爲陰三爲陽四爲陰五爲

陽六爲陰一三五七九陽之數二四六八十陰之數（陰主賤 陽主貴）陰從午陽從子午分行子左行午右行左右凶吉吉凶之道子午分時立春正月節在寅坎卦初六立秋同用雨水正月中在丑巽卦初六處暑同用驚蟄二月節在子震卦初九白露同用春分二月中在亥兌卦九四秋分同用清明三月節在戌艮卦六四寒露同用穀雨三月中在酉離卦九四霜降同用立夏四月節在申坎卦六四立冬同用小滿四月中在未巽卦六四小雪同用芒種五月節在午乾宮九四大雪同用夏至五

月中在巳兌宮初九冬至同用小暑六月節在辰
艮宮初六小寒同用大暑六月中在卯離宮初九
大寒同用孔子易云有四易一世二世爲地易三
世四世爲人易五世六世爲天易游魂歸魂爲鬼
易八卦鬼爲繫爻財爲制爻天地爲義爻（天地即父母也）
福德爲寶爻（福德即子孫也）同氣爲專爻（兄弟爻也）龍德十一
月在子在坎卦左行虎刑五月午在離卦右行甲
乙庚辛天官申酉地官丙丁壬癸天官亥子地官
戊巳甲乙天官寅卯地官壬癸戊巳天官辰戌地
官靜爲悔發爲貞貞爲本悔爲末初爻上二爻中

三爻下三月之數以成一月初爻三日二爻三日
三爻三日名九日餘有一日名曰閏餘初爻十日
爲上旬二爻十日爲中旬三爻十日爲下旬三旬
三十積旬成月積月成年八八六十四卦分六十
四卦配三百八十四爻成萬一千五百二十策定
氣候二十四考五行於運命人事天道日月星辰
局於指掌吉凶見乎其位繫乎吉凶悔吝生乎動
寅中有生火亥中有生木巳中有生金亦云上生之位申
中有生水丑中有死金戌中有死火未中有死木
辰中有死水土兼於中建子陽生建午陰生二氣

相衝吉凶明矣積筭隨卦起宮乾坤震巽坎離艮兌八卦相盪二氣陽入陰陰入陽二氣交互不停故曰生生之謂易天地之内無不通也乾起巳坤起亥震起午巽起辰坎起子離起丑艮起寅兌起[illegible]於六十四卦遇王則吉廢則凶衝則破刑則敗死則危生則榮攷其義理其可通乎分三十爲中六十爲上三十爲下總一百二十通陰陽之數也新新不停生生相續故淡泊不失其所確然示人陰陽運行一寒一暑五行互用一吉一凶以通神明之德以類萬物之情故易所以斷天下之理

定之以人倫而明王道八卦建五氣立五常法象乾坤順於陰陽以正君臣父子之義故易曰元亨利貞夫作易所以垂教教之所被本被於有無且易者包備有無有吉則有凶有凶則有吉生吉凶之義始於五行終於八卦從無入有見災於星辰也從有入無見象於陰陽也陰陽之義歲月分也歲月既分吉凶定矣故曰八卦成列象在其中矣六爻上下天地陰陽運轉有無之象配乎人事八卦仰觀俯察在乎人隱顯災祥在乎天考天時察人事在乎卦八卦之要始於乾坤通乎萬物故曰

易窮則變變則通通則久久於其道其理得矣卜
筮非襲於吉唯變所適窮理盡性于兹矣
晁氏公武曰漢藝文志易京氏凡三種八十九篇
隋經籍志有京氏章句十卷又有占候十種七十
三卷唐藝文志有京氏章句十卷而易占候存者
五種二十三卷今其章句亡矣乃略見於僧一行
及李鼎祚之書今傳者曰京氏積筭易傳三卷雜
占條例法一卷或共題易傳四卷而名皆與古不
同今所謂京氏易傳者或題曰京氏積筭易傳者
疑隋唐志之錯卦是也雜占條例法者疑唐志之

逆刺占災異是也錯卦在隋七卷唐八卷所謂積筭雜逆刺占災異十二卷是也至唐逆刺三卷而亡其八卷元祐八年高麗進書有京氏周易占十卷疑隋周易占十二卷是也是古易家有書而無傳者多矣京氏之書幸而與存者纔十之一尚何離夫師說邪景迂嘗曰余自元豐壬戌偶脫去舉子事業便有志學易而輙本好王氏妄以謂弼之外當自有名象者果得京氏傳而文字顛倒舛訛不可訓知迨其服習甚久漸有所窺今三十有四年矣乃能以其象數辨正文字之舛謬於邊郡山

房寂寞之中而私識之曰是書兆乾坤之二象以成八卦凡八變而六十有四於其往來升降之際以觀消息盈虛於天地之元而酬酢乎萬物之表者炳然在目也大抵辨三易運五行正四時謹二十四氣志七十二候而位五星降二十八宿其進退以幾而爲一卦之主者謂之世奇耦相與據一以起二而爲主之相者謂之應世之所位而陰陽之肆者謂之飛陰陽肇乎所配（乾與坤震與坎巽與離艮與兌）而終不脫乎本（以飛某位之卦乃伏某宮之位）以隱顯佐神明者謂之伏起乎世而周乎內外參乎本數以紀月者謂

外之象而論其內外之位萃土水入艮兌初土四水或三相參而論內外與飛賁土火木分陰陽艮土離火飛水若伏旅火土木入離艮離火艮土休伏木或相參而論內外世應建伏觀金土火木互爲體建金水應內土伏火外木或不論內外而論世建與飛伏益金土入震索也與飛土建與伏金或兼論世應飛伏復水土見侯世應水土飛伏水土屯土木應象世應土木飛伏土水或專論世應夬金木合乾先入坤象世金應木蠱金木入艮巽世金應木或論世之所忌履金火入卦初九火九四火克九五世金爻及乾文金或論世之所生巽火木與巽同宮世木巽木見火於其所起見其所滅大壯起子子滅子亥於其所形見其所生隨金木交形水火相激兌金巽木故曰死於位生於時死於時生於位苟非

外之象而論其內外之位萃土水入艮兌初土四水或三相參而論內外與飛賁三火木分陰陽艮土離火飛水若伏旅火土木入離艮離火艮土休伏木或相參而論內外世應建伏觀金土火木互爲體建金水應內土伏火外木或不論內外而論世建與飛伏益金土入震索也與飛土建與伏金或兼論世應飛伏復水土見侯世應水土飛伏水土屯土木應象世應土木飛伏土木或專論世應夬金木合乾先入坤象世金應木蠱金木入艮巽世金應木或論世之所忌履金火入卦初九火九四火克九五世金爻及乾爻金或論世之所生巽火木與巽同宮世木巽木見火於其所起見其所滅大壯起工子滅于亥於其所形見其所生隨金木爻形水火相激兌金巽木故曰死於位生於時死於時生於位苟非

彰往而察來微顯而闡幽者曷足以與此前是小王變四千九十有六卦後有管輅定乾之軌七百六卦復有八坤之軌六百七十有二其知之者將可以語邵康節三易矣徒小王之徒唯知尚其詞耳其謂斯何昔魯商瞿子木受易孔子五傳而至漢田何子裝何授洛陽丁光光授碭田王孫王孫授東海孟喜孟喜授梁焦贛延壽延壽授房房授東海殷嘉河東姚平河南乘弘由是易有京房之學而傳盛矣有瞿牧自生者不肯學京氏曰京非孟氏學也劉向亦疑京託之缺一字孟氏不知當時

爲何說也今以當時之書驗之葢有孟氏京房十一篇以大異孟氏京房六十六篇與夫京氏殷嘉十二篇同爲一家之學則其源委孰可誣哉此亦學者不可不知也若小王者果何所授受邪葢自京氏爲王學有餘力而王學之適京氏則無繇矣或傳是書而文字舛謬得以予言而攷諸凡學不可就正者缺以待來哲積筭雜占條例法具如別錄

乾　姤遯否觀　震　豫解恒升
剝晉大有　井大過隨

坎　節屯既濟革　艮　賁大畜損
豐明夷師　睽離中孚漸
坤　復臨泰大壯　巽　小畜家人益无妄
夬需比　噬嗑頤蠱
離　旅鼎未濟蒙　兌　困萃咸蹇
渙訟同人　謙小過歸妹

陸公紀京氏易傳註下終

心一堂術數古籍整理叢刊

全本校註增刪卜易	【清】野鶴老人	李凡丁（鼎升）校註
紫微斗數捷覽（明刊孤本）附點校本	傳【宋】陳希夷	馮一、心一堂術數古籍整理小組點校
紫微斗數全書古訣辨正	傳【宋】陳希夷	潘國森辨正
應天歌（修訂版）附格物至言	【宋】郭程撰　傳	莊圓整理
壬竅	【清】無無野人小蘇郎逸	劉浩君校訂
奇門祕竅（臺藏本）	【元】佚名	李鏘濤、鄭同校訂
臨穴指南選註	【清】章仲山　原著	梁國誠選註
皇極經世真詮——國運與世運	【宋】邵雍　原著	李光浦

心一堂當代術數文庫

增刪卜易之六爻古今分析	愚人
命理學教材（第一級）	段子昱
命理學教材 之 五行論命口訣	段子昱
斗數詳批蔣介石	潘國森
潘國森斗數教程（一）：入門篇	潘國森
紫微斗數登堂心得：三星秘訣篇——潘國森斗數教程（二）	潘國森
紫微斗數不再玄	犂民
玄空風水心得（增訂版）（附流年催旺化煞秘訣）	李泗達
玄空風水心得（二）——沈氏玄空學研究心得（修訂版）附流年飛星佈局	李泗達
廖氏家傳玄命風水學（一）——基礎篇及玄關地命篇	廖民生
廖氏家傳玄命風水學（二）——玄空斗秘篇	廖民生
廖氏家傳玄命風水學（三）——楊公鎮山訣篇附 斷驗及調風水	廖民生
廖氏家傳玄命風水學（四）——秘訣篇：些子訣、兩元挨星、擇吉等	廖民生
《象數易——六爻透視：入門及推斷》修訂版	愚人
《象數易——六爻透視 財股兩望》	愚人
《象數易——六爻透視：病在何方》	愚人
《象數易——六爻透視：自身揭秘》	愚人
命卜隨筆	林子傑

心一堂易學經典文庫　已出版及即將出版書目

宋本焦氏易林（上）（下）	【漢】焦贛
周易易解（原版）（上）（下）	【清】沈竹礽
《周易示兒錄》附《周易說餘》	【清】沈竹礽
三易新論（上）（中）（下）	沈瓞民
《周易孟氏學》《周易孟氏學遺補》《孟氏易傳授考》	沈瓞民
京氏易八卷（清《木犀軒叢書》刊本）	【漢】京房
京氏易傳古本五種	【漢】京房
京氏易傳箋註	【民國】徐昂
推易始末	【清】毛奇齡
刪訂來氏象數圖說	【清】張恩霨
周易卦變解八宮說	【清】吳灌先
易觸	【清】賀子翼
易義淺述	何遯翁

書名：京氏易傳古本五種（下）
系列：易學經典文庫
原著：【漢】京房
主編・責任編輯：陳劍聰

出版：心一堂有限公司
通訊地址：香港九龍旺角彌敦道六一〇號荷李活商業中心十八樓〇五一〇六室
深港讀者服務中心：中國深圳市羅湖區立新路六號羅湖商業大厦負一層〇〇八室
電話號碼：(852) 67150840
網址：publish.sunyata.cc
淘宝店地址：https://shop210782774.taobao.com
微店地址：https://weidian.com/s/1212826297
臉書：https://www.facebook.com/sunyatabook
讀者論壇：http://bbs.sunyata.cc

香港發行：香港聯合書刊物流有限公司
地址：香港新界大埔汀麗路36號中華商務印刷大廈3樓
電話號碼：(852) 2150-2100
傳真號碼：(852) 2407-3062
電郵：info@suplogistics.com.hk

台灣發行：秀威資訊科技股份有限公司
地址：台灣台北市內湖區瑞光路七十六巷六十五號一樓
電話號碼：+886-2-2796-3638
傳真號碼：+886-2-2796-1377
網絡書店：www.bodbooks.com.tw
心一堂台灣秀威書店讀者服務中心：
地址：台灣台北市中山區松江路二〇九號1樓
電話號碼：+886-2-2518-0207
傳真號碼：+886-2-2518-0778
網址：http://www.govbooks.com.tw

中國大陸發行　零售：深圳心一堂文化傳播有限公司
深圳地址：深圳市羅湖區立新路六號羅湖商業大厦負一層008室
電話號碼：(86)0755-82224934

版次：二零一九年六月初版，平裝
裝訂：上下二冊不分售

心一堂微店二維碼　心一堂淘寶店二維碼

定價：
港幣　三百八十八元正
新台幣　一千五百八十八元正

國際書號 ISBN 978-988-8582-80-8